덕수궁, 경희궁
실록으로 읽다

초판발행: 2018년 4월 20일

지은이: 최동군 • **펴낸이**: 서경원 • **디자인**: 이철주 • **편집**: 나진연
펴낸곳: 도서출판 담디 • **등록일**: 2002년 9월 16일 • **등록번호**: 제9-00102호
주소: 01036 서울특별시 강북구 삼각산로79 2층 • **전화**: 02)900-0652 • **팩스**: 02)900-0657
이메일: damdi_book@naver.com • **홈페이지**: www.damdi.co.kr

ⓒ 2018 최동군, 도서출판 담디
지은이와 출판사의 허락 없이 책 내용 및 사진, 드로잉 등의 무단 복제와 전재를 금합니다.

정가: 15,000원

Printed in Korea
ISBN: 978-89-6801-078-1
ISBN: 978-89-6801-066-8(set)
이 도서의 국립중앙도서관 출판예정도서목록(CIP)은 서지정보유통지원시스템 홈페이지
(http://seoji.nl.go.kr)와 국가자료공동목록시스템(http://www.nl.go.kr/kolisnet)에서
이용하실 수 있습니다.(CIP제어번호: CIP2018009931)

덕수궁/경희궁
실록으로 읽다 최동군 지음

담디
DAMDI

머리말

'실록으로 읽다' 시리즈로 경복궁, 창덕궁, 창경궁 편이 먼저 출간되고 난 뒤, 후속작업 대상으로 남은 조선궁궐은 덕수궁(경운궁)과 경희궁이었습니다. 그런데 전편들과는 달리 덕수궁과 경희궁 편은 의외로 작업하기가 쉽지 않았습니다. 우선 덕수궁은 오랫동안 역사 속에서 잊힌 보조궁궐 신세였다가 고종의 아관파천 이후 역사에 재등장하여 주목받기 시작한 궁궐입니다. 게다가 왕궁이었던 다른 궁궐들과는 달리 대한제국 황제의 궁궐로서 소위 클래스가 다른 궁궐이기도 합니다.

하지만 황궁이라는 것은 허울뿐으로 19세기가 거의 끝나갈 무렵, 나라의 운명은 결국 일본 제국주의의 손아귀에 넘어가게 되는데 그 과정을 묵묵히 지켜본 것이 덕수궁입니다. 사실 덕수궁이라는 이름도 나중에 순종 때에 와서야 바뀐 것입니다. 고종이 재위하던 시절까지의 본래 이름은 경운궁이었습니다.

인터넷 조선왕조실록 사이트의 첫 페이지를 보면 실록이 크게 두 부분으로 나뉘어 있습니다. 앞부분은 제1대 태조실록으로부터 제25대 철종실록까지이며, 뒷부분은 제26대 고종실록과 제27대 순종실록입니다. 이렇게 두 부분으로 나뉜 이유는 무엇일까요? 그것은 바로 실록 작성의 주체가 다르기 때문입니다. 앞부분의 실록들은 실록 편찬을 위한 임시관청인 실록청(實錄廳)을 중심으로 모든 내용이 우리 손으로 만들어졌지만, 뒷부분의 고종, 순종실록은 일제강점기 때 일본이 주가 되어 만들어진 것입니다.

좀 더 자세히 말하면 실록의 원고는 감수부의 총책임자인 경성제국대학 교수들에 의하여 손질이 가해졌고, 위원장인 일본인 이왕직(李王職. 일제 강점기 이왕가와 관련한 사무 일체를 담당하던 기구) 장관의 결재를 얻어 간행되었습니다. 따라서 조선왕조의 실록이라는 공식 타이틀을 붙이고 있음에도 불구하고 고종, 순종실록의 내용 속에는 일본의 관점이 반영될 수밖에 없으며 사실이 왜곡되었을 위험성 때문에 실록의 가치는 손상받을 수밖에 없습니다.

예를 들면 고종에서 순종으로 양위되는 그토록 엄청난 대사건도 그 과정에 대한 자세한 언급 없이 결과만 간단하게 기록하고 있을 뿐입니다. 즉 고종을 강제로 퇴위시킨 일본으로서는 자신들에게 불리한 내용은 철저히 편집한 것입니다. 이런 사정 때문에 '실록으로 읽다' 덕수궁 편의 일부분은 실록에서 꼭 필요한 기사를 찾아내기가 쉽지 않았습니다.

게다가 순종 때의 실록은 1910년 한일병탄 전까지만 '순종실록'의 이름으로 남아있고, 그 이후로는 이름마저도 '순종실록 부록'으로 바뀌어 남아있을 뿐더러 조선왕조 멸망 후의 기사이기 때문에 엄밀한 의미에서는 실록이라 할 수도 없습니다. 심지어 그런 순종부록마저도 순종의 승하연도인 1926년을 끝으로 유의미한 기록은 남아

있지 않습니다. 하지만 순종의 황태자였던 영친왕과 그의 가족 등 나머지 조선왕조의 주요 구성원들은 20세기 중,후반까지도 생존해 있었기 때문에 조선왕조의 대단원의 막을 내리기 위해서는 부득이 하게 실록 이외의 각종 기록도 참고를 해야만 했습니다.

　한편, 경희궁 편은 해당 실록기사는 많지만 일제강점기를 거치면서 경희궁이 물리적으로 워낙 많이 훼철된 까닭에, 현재 우리가 눈으로 볼 수 있는 경희궁의 남아있는 전각은 겨우 한 손에도 꼽을 정도이고, 이마저도 어느 정도의 기본적인 원형을 간직한 것은 정문이었던 홍화문 하나뿐입니다. 따라서 실록기사로 경희궁을 설명하는 데는 한계가 있을 수밖에 없고, 절대적인 원고 분량마저 적은 탓에 부득이 덕수궁 편과 경희궁 편은 별도의 책으로 구성하지 못하고, 합쳐서 한 권의 책으로 만들게 되었습니다.

　그럼에도 불구하고 이 책의 덕수궁 편을 통해서는 질곡의 대한제국사와 더불어 망국의 뼈아픈 교훈을 되새길 수 있으며, 경희궁 편을 통해서는 역설적이게도 온전한 문화유산의 소중함을 느낄 수가 있습니다.

　이 책은 조선궁궐에 대한 '실록으로 읽다' 시리즈의 완결판입니다. 그러나 '실록으로 읽다' 시리즈는 조선궁궐에서 그치지 않고 앞으로 조선왕릉 등 조선왕조의 공식기록물이 담고 있는 소중한 문화유산들을 지속적으로 다룰 예정입니다.

　끝으로 이 책을 포함하여 지금까지 저의 모든 책들이 이 세상의 빛을 볼 수 있도록 지속적으로 지원해주신 담디 출판사의 서경원 사장님과 직원분들께 감사드리고, 아울러 집필활동이 잘 될 수 있도록 모든 것을 챙겨주면서 원고까지 꼼꼼하게 검토해 준, 내 인생의 절반인 아내 원지연에게 특별한 고마움을 전합니다.

2018. 3. 23. 새벽, 파주 운정 자택에서
저자 최동군

•• 차례

머리말 _004

제1부 덕수궁

궁성과 문 _012

덕수궁의 역사 I - 궁궐이 된 월산대군의 집 _013
덕수궁의 역사 II - 왕궁에서 황제궁으로 _024
덕수궁의 역사 III - 경운궁에서 덕수궁으로 _034
대한문 - 이름 변경의 용의자, 이토 히로부미 _050

치조 일원 I - 정전 _066

중화문 - 매국노 이완용의 흔적을 찾다 _067
중화전 - 왕궁보다 초라한 황궁 _082

치조 일원 II - 편전들 _100

준명당 - 덕혜옹주의 유치원이 된 편전 _101
즉조당 - 대한제국 초기의 으뜸 전각 _117
석어당 - 인목대비의 한이 서린 곳 _128
덕홍전 - 대한제국을 다시 조선으로 되돌린 일제 _146

연조 일원 _155

함녕전 - 고종은 과연 독살당했나? _156
정관헌 - 임금 앞에서 안경쓰면 사형? _174

석조전 일원 _185
  석조전 - 마지막 왕손 형제를 기억하며 _186
  광명문 - 이완용보다 더 친일로 인정받은 고종의 친형 _195

덕수궁 밖 문화재 _214
  환구단 - 밖으로는 왕, 안으로는 황제의 이중성 극복 _215
  중명전 - 헤이그 특사의 후폭풍이 몰아치다 _224

제2부 경희궁

궁성과 문 _238
  경희궁의 역사 - 서궐이라 불린 궁궐 _239
  흥화문 - 한때 이토 히로부미를 기리던 문 _252

남아있는 전각들 _263
  숭정문과 숭정전 - 치조(治朝)중 유일한 주심포 건물 _264
  자정전 - 성학십도를 논하다 _275
  태령전 - 영조임금의 어진을 모신 이유 _284

사진 협조 _300

덕수궁 전경

제1부
덕수궁

궁성과 문

덕수궁의
역사 I

궁궐이 된
월산대군의 집

월산대군의 사저(私邸)가 덕수궁이 되기까지

　덕수궁은 서울 중구 정동(貞洞)에 있는 현존하는 5대 조선궁궐[경복궁, 창덕궁, 창경궁, 경희궁, 덕수궁] 중의 하나로서, 조선의 왕궁이자 대한제국의 정궁(正宮)이기도 했다. 정릉동 행궁(貞陵洞行宮)으로 시작한 조선시대 당시의 원래 궁궐명칭은 경운궁(慶運宮)이었지만 명례궁(明禮宮), 서궁(西宮) 등의 별칭이 있으며, 1907년 고종이 순종에게 양위를 한 뒤 이곳에 살자, 고종의 장수를 빈다는 뜻에서 덕수궁(德壽宮)으로 개칭되어 지금에 이르고 있다.

덕수궁

　　덕수궁 공식 홈페이지에 게시된 덕수궁의 역사 소개 자료에 의하면 임진왜란으로 인해 의주까지 피난 갔던 선조가 1593년 10월 한양으로 돌아왔을 때, 모든 궁궐이 소실된 상태였기 때문에 부득이하게 정릉동[지금의 덕수궁 자리]에 있던 옛 월산대군의 저택을 시어소(時御所: 임금이 임시로 거처하는 곳)로 정하여 행궁으로 삼았는데, 그 정릉동 행궁이 광해군 때인 1611년에 경운궁이 되고, 다시 구한말(舊韓末: 지금의 韓國, 즉 대한민국 이전의 옛 韓國, 곧 대한제국의 말기라는 의미)인 1907년에 덕수궁으로 개칭되었다.

　　선조 26년(1593) 10월 1일
　　임금이 벽제역을 출발하여 정릉동 행궁으로 들어가다

덕수궁 실록으로 읽다
궁성과 문

상(上)이 아침에 벽제역(碧蹄驛)을 출발하여 미륵원(彌勒院)에서 주정(晝停)하고 저녁에 정릉동(貞陵洞)의 행궁(行宮)으로 들어갔다.

광해 3년(1611) 10월 11일
정릉동 행궁 이름을 경운궁으로 고치다
정릉동 행궁 이름을 고쳤다. 흥경궁(興慶宮)으로 하려고 했는데, 정원에 전교하기를, "이것은 전대의 궁호이니 적절하지 않은 것 같다. 합당한 궁호를 여러 개 써서 아뢰라." 하였다. 드디어 고쳐서 경운궁(慶運宮)이라고 했다.

순종 즉위년(1907) 8월 2일
궁내부에서 태황제궁의 칭호를 덕수로 하고, 부의 칭호를 승녕으로 할 것을 아뢰다
궁내부(宮內府) 대신 이윤용이, "태황제궁의 호망단자(號望單子)를 덕수(德壽)로, 부(府)의 호망단자를 승녕(承寧)으로 의정(議定)하였습니다."라고 상주(上奏)하니, 윤허하였다.

임진왜란 당시에는 궁궐은 물론 한양의 가옥 대부분도 피해를 입은 상황이었지만 그나마 월산대군의 사저 상태가 그럭저럭 견딜만 했기 때문에 선택의 여지없이 그곳으로 들어간 듯하다. 그런데 월산대군의 사저는 왜 덕수궁 자리에 있었을까?

월산대군은 제7대 조선임금 세조의 장손이며, 의경세자의 장남이자 훗날 제9대 성종이 되는 자을산군의 친형이다. 만약 모든 것이

순리대로 풀렸다면 월산대군의 아버지 의경세자가 세조의 뒤를 이어 제8대 임금이 되고, 또한 월산대군도 의경세자의 뒤를 이어 조선의 제9대 임금이 되었을 것이다. 그러나 불운하게도 의경세자는 세조보다 먼저 세상을 떴다.

세조 3년(1457) 9월 2일
세자 도원군(桃源君)의 졸기
<u>세자가 본궁 정실(正室)에서 졸(卒)하였다.</u> 세자는 용모와 의표(儀表)가 아름답고 온량(溫良) 공경(恭敬)하며, 학문을 좋아하고 또 해서(楷書)를 잘 썼다. 양궁(兩宮)이 애도하니, 시종한 여러 신하들이 마음 아파하지 않는 자가 없었다. … (후략)

세조 3년(1457) 11월 15일
의경세자(懿敬世子)의 책문(冊文)과 의식,
시책(諡冊)·시인(諡印)을 하사하는 의식
<u>세자에게 의경(懿敬)이라는 시호(諡號)를 내리니,</u> 온화하고 성(聖)스럽고 착한 것을 의(懿)라 하고, 아침 일찍부터 밤늦게까지 경계(警戒)하는 것을 경(敬)이라 한다. 그 책문(冊文)은 이러하였다. … (후략)

그런데 의경세자가 세상을 뜬 후 왕위계승권은 엉뚱하게도 의경세자의 장남인 월산대군에게 가지 않고 의경세자의 친동생인 해양대군에게 넘어갔고, 그가 즉위하니 곧 제8대 예종이다.

세조 3년(1457) 11월 10일
한명회·구치관을 명에 보내 해양대군을
세자로 봉해줄 것을 청한 주본

이조 판서 한명회와 예조 참판 구치관을 명나라에 보내어서 해양대군을 세자로 봉(封)하여 줄 것을 청하고, 겸하여 해청(海靑)과 토골(兎鶻)을 바쳤다. 그 주본(奏本)에 이르기를, "신(臣)의 세자 이장(李暲)이 천순(天順) 원년 9월 초2일에 병으로 죽었습니다. 둘째 아들 이황(李晄)은 이장(李暲)의 모제(母弟)로서 현재 나이 9세인데, 나라 사람들이 세자로 삼기를 청하므로 신이 감히 독단하지 못하고 이를 위하여 삼가 갖추어 아룁니다." 하였다. … (후략)

이 왕위계승은 이른바 보편적인 유교적 승계방식인 종법(宗法: 적장자 이외의 아들을 별자(別子)로 하여 조(祖)로 삼고, 적장자 상속으로 무한히 이어져 가도록 한 가계제도의 기본이 되는 법)이나 '적장자 계승'이라는 원칙에서 보면 매우 이례적인 일이었다. 그런데 이례적인 일은 여기서 그치지 않았다. 예종마저도 불과 재위 15개월 만에 사망하자 왕위계승은 또다시 이상한 방향으로 흘러갔다. 승하할 당시 예종은 비록 나이는 어리지만 제안대군이라는 적장자를 두고 있었다. 그러나 제안대군은 왕위계승에서 완전히 제외되었고, 어찌된 일인지 차순위였던 월산대군마저 배제된 채 월산대군의 친동생인 자을산군에게 왕위가 넘어갔고, 그가 즉위하니 곧 제9대 성종이다.

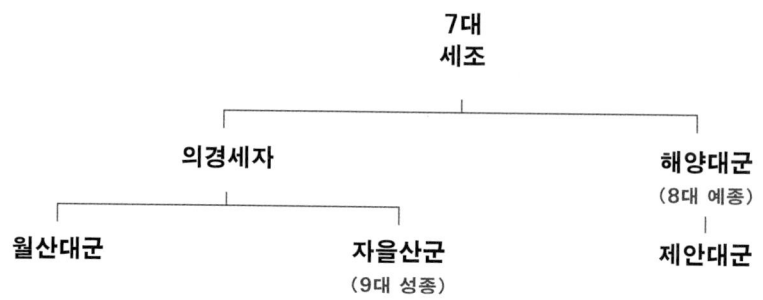

성종 즉위 전격작전

더욱이 제8대 예종이 승하한 일시가 11월 28일 진시(辰時: 08시 전후)였는데, 제9대 성종이 즉위한 일시는 겨우 8시간 후인 같은 날 신시(申時: 16시 전후)였다. 원래 후대 왕[사왕(嗣王)]의 즉위식[사위(嗣位)]은 선대왕[대행왕(大行王)]의 국상기간 중에 실시하며, 특히 국상 발발 5~6일째 되는 날 대렴(大斂: 시신을 입관하는 의식)과 성복례(成服禮: 상복을 입는 의식)가 끝난 후 실시하는 것이 상례였음에도 불구하고 이를 완전히 무시한, 전광석화(電光石火)와 같은 처사였다. 이와 관련된 논란을 의식해서인지 세종 때부터 시작되어 성종 때에 최종 완성 및 반포된 국조오례의(國朝五禮儀)에서는 흉례(凶禮)편에서 사왕(嗣王)의 즉위와 관련된 내용을 보다 확실하게 규정으로 정해 못을 박았다.

> 세종실록 134권 / 오례 / 흉례 의식 / 대렴
>
> • 대렴(大斂) 〔제5일〕 그날 대렴(大斂)하기 전 2각(刻)에 내시가 대렴상(大斂牀)을 휘장 밖에 설치하고 욕석(褥席)과 베개를 편다.
> … (후략)

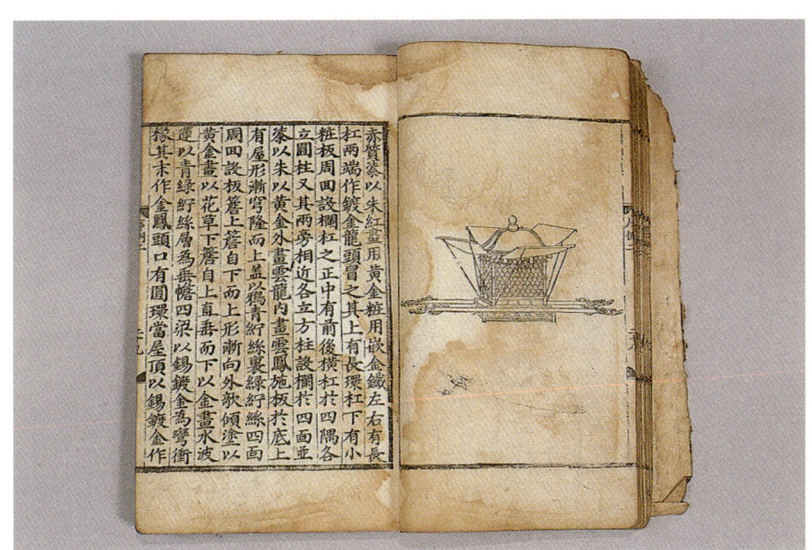

국조오례의(國朝五禮儀) - 문화재청

세종실록 134권 / 오례 / 흉례 의식 / 성복

- 성복(成服)·[제6일] 그날에 예조 판서가 여차(廬次) 앞에 나아가서 꿇어앉아 성복(成服)하기를 찬청(贊請)하면, … (후략)

세종실록 134권 / 오례 / 흉례 의식 / 사위

- 사위(嗣位: 왕위를 계승함). 성복(成服)하는 예절을 마치면, … (후략)

예종실록, 예종 1년(1469) 11월 28일

진시에 임금이 자미당에서 훙하다

신시에 임금이 면복을 입고 근정문에서 즉위하고, 교서를 반포하다

성종실록, 성종 즉위년(1469) 11월 28일
예종이 돌아가시니 대비의 명에 의해 경복궁에서 즉위하다
(전략) … 대비가 말하기를, "원자(元子)는 바야흐로 포대기 속에 있고, 월산군(月山君)은 본디부터 질병이 있다. 자산군(者山君=자을산군)은 비록 나이는 어리지마는 세조(世祖)께서 매양 그의 기상과 도량을 일컬으면서 태조(太祖)에게 견주기까지 하였으니, 그로 하여금 주상(主喪)하게 하는 것이 어떻겠는가?" 하니 신숙주 등이 대답하기를, "진실로 마땅합니다." 하였다. … (후략)

도대체 이런 이례적인 왕위계승을 결정한 보이지 않는 손은 누구였을까? 이는 기록으로는 남아있지 않지만 당시 정황을 조금만 들여다보면 누구나 금방 그 보이지 않는 손을 알아낼 수 있다. 즉 예종과 성종의 공통점을 찾으면 되는데, 예종과 성종은 모두 권신 한명회가 장인이었다. 예종[당시에는 해양대군]은 한명회의 셋째 딸, 그리고 성종[당시에는 자을산군]은 한명회의 넷째 딸과 각각 결혼했던 것이다.

한편 의경세자의 부인이자 월산대군과 자을산군(성종)의 친모는 '소혜왕후 한 씨'로 세조의 맏며느리다. 소혜왕후는 세자빈 시절에는 당연히 궁궐에서 살았지만, 남편 의경세자가 죽자 그 지위를 잃게 되었고, 당시 법도에 따라 수빈궁(粹嬪宮)으로 봉해져서 두 아들(월산군, 자을산군)과 함께 출궁해야만 했다. [정조의 생모인 혜경궁 홍씨도 남편인 사도세자가 폐서인되어 뒤주에 갇히게 되자 세자빈의 지위를 잃게 되어 곧바로 출궁 당하게 되었다가, 사도세자가 죽고 난 뒤 어린 세손을 걱정한 영조가 즉시 사도세자의 신분을 회복시키자, 지체 없이 다시 궁궐로 들어올 수 있었다.]

남편을 잃은 세자빈을 안타깝게 여기던 시아버지 세조는 비록 법도에서 어긋나기는 하지만 맏며느리 한 씨에게 특별히 궁궐에서 살아도 좋다고 하였음에도 불구하고, 한 씨는 세조의 제안을 사양하고 두 아들을 데리고 궁궐을 떠났다. 그러자 세조는 그녀를 위해 특별히 집을 지어주었는데, 그곳이 바로 오늘날의 덕수궁 자리였다. 그 집은 한 씨의 죽은 남편인 의경세자 사당 옆에 건설되었는데, 일반적인 고위 사대부나 왕족이 살던 사저보다도 규모가 훨씬 더 크고 웅장했다.

세조 5년(1459) 9월 26일
의경 세자의 묘(廟)를 효정묘,
묘(墓)는 의묘라 하고 제사지내는 일을 의논하다
예조(禮曹)에서 아뢰기를, "의경 세자(懿敬世子)의 묘(廟)는 효정묘(孝靖廟)라 일컫고, 묘(墓)는 의묘(懿墓)라 일컫고, 삭망(朔望)의 제사와 사중월(四仲月)의 유명일(有名日) 별제(別祭)와 기일(忌日)의 제사에는 자손(子孫) 중에 나이가 많은 사람이 제사를 받들도록 하는데, 그 사이에 우선 종친(宗親) 및 공신(功臣)의 자제(子弟) 중에서 3품의 관원으로 하여금 제사를 지내도록 하고, 그 제물(祭物)은 봉상시(奉常寺)에서 그전대로 맡아서 베풀게 하소서." 하니, 그대로 따랐다.

세조 5년(1459) 10월 7일
효정묘를 세우고 세자빈의 제택을 짓도록 하다

명하여 효정묘(孝靖廟)를 세우게 하고, 또 세자빈(世子嬪) 한 씨(韓氏)의 제택(第宅)을 그 옆에 짓도록 하였다.

그러다가 소혜왕후[당시에는 수빈궁]의 작은 아들 자을산군이 제9대 성종으로 보위에 오르자 그녀도 모후의 자격으로 다시 궁궐에 들어가게 되었고, 자연스럽게 그녀의 큰 아들인 월산대군이 효정묘 옆 사저를 물려받게 된 것이다.

•• 뱀의 발

덕수궁의 또 다른 이름: 명례궁(明禮宮)

명례궁은 세조가 수양대군 시절에 살았던 잠저(潛邸)로서, 원래는 훈도방 진고개(현재의 충무로)에 위치하였는데, 광해군 초에 덕수궁 영역인 정릉동(현재의 정동)으로 옮겨졌다. 그 이후로 비빈들에게 속궁(屬宮: 왕과 왕비에게 따로 주어지는 거처)으로 주어졌는데, 비빈들의 토지를 관리하는 궁방 역할을 담당했다. 따라서 덕수궁과 명례궁은 같은 지역을 가리키는 말이다.

증보문헌비고에는 아래와 같이 표현되어 있다.

明禮宮 本慶運宮 後改今名
명례궁은 본래 경운궁인데, 뒤에 지금의 이름으로 고쳤다.

今上丙申移御 復稱慶運宮 而移建本宮于其北
지금의 임금이 병신년에 이어하면서 다시 경운궁이라 하고 본궁을 그 북쪽에 옮겨 세웠다.

또한 영조실록에는 아래와 같이 기록되어 있다.

영조 45년(1769) 11월 2일
명례궁에 거둥하여 《대학연의》를 강하고, 정관을 불러 정사를 행하다

임금이 황화방(皇華坊)·명례궁(明禮宮)에 거둥하였다. 명례궁은 곧 인조(仁祖)가 계해년에 즉위한 곳으로, 본래의 이름은 경운궁(慶運宮)이었다. 임금이 《실록(實錄)》을 상고하도록 명하여 이를 알고 마침내 거둥하여 살펴본 것인데, '양조에서 모두 거둥하셨다[兩朝皆御]'는 네 글자와 '계해년에 즉위하신 당[癸亥卽阼堂]'이라는 다섯 글자를 친히 쓰고, 게판(揭板)하도록 명하였으니, 대개 선묘(宣廟)께서도 또한 임진년 이후에 이 궁에서 거처했었기 때문이었다. … (후략)

덕수궁의 역사 II

왕궁에서 황제궁으로

잊혀 가는 궁궐, 경운궁

선조는 임진왜란 이후 줄곧 이 정릉동 행궁에 거처하면서 제대로 된 궁궐을 중건하려 했지만 전란 통에 국고가 바닥난 상태라 공사 진척은 더디기만 했고, 결국 중건 중인 창덕궁의 완성을 목전에 두고 정릉동 행궁의 석어당[추정. 실록에는 '정침'으로 나옴]에서 승하했다.

선조 41년(1608) 2월 1일
동궁이 승하를 알리는 내전의 하교로 대신에게 하령하다

석어당 정면

동궁이 대신에게 하령하였다. "내전께서 하교하기를 '지금 성상이 정침에서 승하하셨다.'고 하니, 망극하다."

선조의 뒤를 이은 광해군은 즉위 직후 중건된 창덕궁으로 옮겨갔지만, 정릉동 행궁에는 경운궁이라는 이름을 내려 정식 궁궐로 승격시켰다.

광해 3년(1611) 10월 11일
정릉동 행궁 이름을 경운궁으로 고치다
정릉동 행궁 이름을 고쳤다. 흥경궁(興慶宮)으로 하려고 했는데, 정원에 전교하기를, "이것은 전대의 궁호이니 적절하지

즉조당

않은 것 같다. 합당한 궁호를 여러 개 써서 아뢰라." 하였다.
드디어 고쳐서 경운궁(慶運宮)이라고 했다.

 그러나 애당초 궁궐 목적으로 지어진 곳이 아니었기 때문에 창덕궁이 중건되자 광해군은 곧바로 창덕궁으로 이어했고, 따라서 경운궁은 그저 별궁 정도로 잊혀 갔다. 그러다가 인조반정 때 창덕궁이 반정군들의 실화 또는 방화로 인해 불타버리자 인조는 선택의 여지 없이 이곳 경운궁의 즉조당에서 즉위식을 거행할 수밖에 없었다.

광해 15년(1623) 3월 12일
대궐이 불에 타다

대궐이 불에 탔다.〔왕이 이미 숨은 뒤에 군사들이 궁궐에 들어왔는데 궁중이 텅 비어 사람이 없고 왕을 찾았으나 찾지 못했다. 이때 횃불을 잘못 버려 궁전을 잇달아 태웠는데 상(上)이 도감의 군사들로 하여금 끄게 하였으나 인정전만 남고 모두 탔다. 그 후 잿더미 속에서 은 4만여 냥을 캐냈는데 이것은 왕이 가죽주머니에 은을 넣어 침전 안에 두었던 것이다.〕

인조 1년(1623) 3월 13일
의병을 일으켜 즉위하다
상(上)이 의병을 일으켜 왕대비(王大妃)를 받들어 복위시킨 다음 대비의 명으로 경운궁(慶運宮)에서 즉위하였다. 광해군(光海君)을 폐위시켜 강화(江華)로 내쫓고 이이첨 등을 처형한 다음, 전국에 대사령을 내렸다. … (후략)

하지만 이것도 잠시, 다시 창덕궁이 중건되면서 인조는 창덕궁으로 이어했고, 이후 경운궁 영역에 속해 있던 여러 가옥과 대지를 원래 주인에게 돌려줌으로써 경운궁은 한적한 별궁 정도로 축소되었으며, 구한말 아관파천이 일어날 때까지는 역사 속에서 거의 잊힌 궁궐이 되었다.

인조 1년 7월 12일(1623)
경운궁에 딸린 가옥을 그 주인에게 되돌려주도록 하다
상(上)이 경운궁(慶運宮)에 딸린 가옥을 그 주인에게 되돌려 주게 하였다. 당초 임진왜란 때 궁궐이 불타버리자 선조가 돌아온 뒤 임시로 정릉동의 민간 백성 집에 거처하면서 경운궁이라 일렀는데, 그 뒤에 광해군이 인목대비(仁穆大妃)를 유폐시키고 서궁(西宮)이라 일컬었다. 이때에 이르러 선조(先祖)가 침전(寢殿)으로 쓰던 두 군데를 제외하고 나머지는 모두 본주(本主)에게 되돌려 주라고 하교하였다.

황제의 궁궐로 재탄생한 경운궁

명성황후가 시해된 을미사변(乙未事變) 이후 일본군의 무자비한 공격에 신변의 위협을 느낀 고종은 거처를 옮기려고 했으나 마땅한 곳이 없었다. 최후의 보루인 금군이 수비하던 경복궁마저 무너졌으니 더이상 기댈 곳이 없었던 것이다. 이때 고종은 의외의 선택을 했다. 1896년 2월 11일 러시아 공사관으로 옮겨간 것이다. 일국의 국왕이 자국의 궁궐에 있지 못하고 타국의 공관에 피신하여 타국 군대의 보호를 받고 있으니 그 처지가 말이 아니었다. 당연히 러시아의 영향에서 벗어나라는 국내외의 여론과 압력이 비등했고, 1년여를 버티던 고종도 결국에는 러시아 공사관을 떠날 수밖에 없었다.

고종 33년(1896) 2월 11일
러시아 공사관으로 주필을 이어하다
임금과 왕태자(王太子)는 대정동(大貞洞)의 러시아 공사관[俄國公使館]으로 주필(駐蹕: 임금이 거둥하는 중간에 어가(御駕)를 멈추고 머무르거나 묵던 일)을 이어(移御)하였고, 왕태후(王太后)와 왕태자비(王太子妃)는 경운궁(慶運宮)에 이어하였다.

그러나 일본군이 무서워 경복궁으로는 돌아가지 못하고 러시아 공사관에서 불과 수십 미터 떨어진 경운궁으로 들어갔다. [특히 만약의 비상사태를 대비해서 육로로 못 갈 경우에도 안전하게 러시아 공사관까지 또다시 피신할 수 있도록 경운궁에는 러시아 공사관과 직접 연결되는 지하 밀실과 비밀통로를 건설했다.] 이는 경운궁의 주변에 러시아·영국·미국 등 서구 강대국의 공사관이 밀집하고 있어서 만일 무슨 일이 생기면 즉시 보호를 요청하기 쉬운 곳이라는 고려도 있었을 것이다. 이때부터 한동안 잊혔던 경운궁은 구한말 역사의 중심지로 재등장하게 되었다.

고종 34년(1897) 2월 20일
경운궁으로 환어하다
경운궁(慶運宮)으로 환어(還御)하였다. 왕태자(王太子)가 배환(陪還)하였다.

9월 17일에는 고종의 황제 즉위식이 있어서 소공동(小公洞)의 원구단(圜丘壇=환구단)에서 하늘에 고하는 제사를 지냈다. 이날부터 1907년까지 10년간 경운궁은 대한제국 시기에 황제가 정무를 보던 정궁(正宮=法宮) 역할을 담당하였으며, 연호를 광무(光武)라 하였다.

고종실록 1권,《고종실록》총서
(전략) … 고종34년 정유년(1897) 9월에 의정부 의정(議政府議政) 심

러시아 공사관

환구단 사진엽서 - 국립고궁박물관

순택이 문무의 관리들을 거느리고 황제의 칭호를 올릴 것을 청한 결과, 17일 계묘일(癸卯日)에는 천지에 제사를 지내어 고한 다음에 황제의 지위에 올랐다. 나라 이름을 대한(大韓)으로 정하고 광무(光武)라는 연호(年號)를 사용하였다. … (후략)

고종 34년(1897) 10월 13일
국호를 대한으로 하고 임금을 황제로 칭한다고 선포하다
반조문(頒詔文)에,
"봉천 승운 황제(奉天承運皇帝: 조서에 쓰는 황제의 자칭(自稱), 곧 천명(天命)에 따라 제운(帝運)을 계승했다는 뜻)는 다음과 같이 조령(詔令)을 내린다. 짐은 생각건대, 단군(檀君)과 기자(箕子) 이후로 강토가 분리되어 각각 한 지역을 차지하고는 서로 패권을 다투어 오다가 고려(高麗) 때에 이르러서 마한(馬韓), 진한(辰韓), 변한(弁韓)을 통합하였으니, 이것이 '삼한(三韓)'을 통합한 것이다. … (중략) … 짐이 덕이 없다 보니 어려운 시기를 만났으나 상제(上帝)가 돌봐주신 덕택으로 위기를 모면하고 안정되었으며 독립의 터전을 세우고 자주의 권리를 행사하게 되었다. 이에 여러 신하들과 백성들, 군사들과 장사꾼들이 한 목소리로 대궐에 호소하면서 수십 차례나 상소를 올려 반드시 황제의 칭호를 올리려고 하였는데, 짐이 누차 사양하다가 끝내 사양할 수 없어서 올해 9월 17일 백악산(白嶽山)의 남쪽에서 천지(天地)에 고유제(告由祭)를 지내고 황제의 자리에 올랐다. 국호를 '대한(大韓)'으로 정하고 이 해를 광무(光武) 원년(元年)으로 삼으며, 종묘(宗廟)와 사직(社稷)의 신위판(神位版)을 태사(太社)와 태직(太稷)으로 고쳐 썼다. 왕후(王后) 민 씨(閔氏)를 황후(皇后)로 책봉하고 왕태자(王太子)를 황태자(皇太子)로 책봉하였다. … (후략) …

고종은 경운궁을 중수하면서 전통적인 우리 궁궐 전각들뿐만 아니라 서양과 동양의 건축양식이 합쳐진 전각들로 궁역을 채워 나갔다. 그러던 중 1904년에 경운궁 내에서 대규모 화재가 발생하여 궁궐의 상당 부분이 소실된 후 다시 중건이 시도되었는데, 당시 국가의 정치 상황이나 재정 여건상 제국의 궁궐이라는 이름에 걸맞지 않게 궁궐의 규모가 많이 축소되었다. 그럼에도 불구하고 고종의 재위 말년의 약 10년간, 대한제국이 멸망할 때까지는 역사적으로 중요한 대부분의 사건은 경운궁을 중심으로 일어나게 되며 고종은 죽을 때까지 덕수궁을 떠나지 않았다.

덕수궁의
역사 III

경운궁에서
덕수궁으로

개화파와 수구파의 연합으로 탄생한 대한제국

　덕수궁은 대한제국 역사 전체를 대표하는 상징적인 공간이기도 하다. 덕수궁[좀 더 정확히는 경운궁]에서 대한제국이 성립되었으며, 대한제국의 몰락과정도 덕수궁이 하나의 중심축을 이루었기 때문이다.
　대한제국은 1897년 10월 12일(음력 9월 17일)부터 1910년 8월 29일까지의 조선의 국명으로, 자주성과 독립성을 한층 강하게 표방하고자 사용된 의례상·의전상 국호였다. 나라 이름 '대한(大韓)'은 고구려, 백제 그리고 신라를 통틀어서 지칭한 '삼한(三韓)'에서 유래한 것으로 그 삼한이 통일 되었다는 의미에서 '대한'이라 했다. 여기에 국호를 변경하면서 황제국이라고 선포하였기 때문에 '제'(帝)가 더해져서 대한제국이 되었는데, '대한'이란 국호는 '대한민국 임시정부'를 거쳐 '대한민국'으로 이어져 현재까지도 사용되고 있다. 또한 대한제국은 현재의 대한민국과 구별하기 위해 '구한국'이라는 표현을 쓰기도 하거니와, 시기적으로는 1910년 일본에게 국권을 침탈당하기 직전까지에 해당하기 때문에 '구한말'이라고도 한다.

고종 34년(1897) 10월 11일
시임 대신과 원임 대신 이하의 관리들을 인견하다
(전략) … 상(上)이 이르기를,
"경 등과 의논하여 결정하려는 것이 있다. 정사를 모두 새롭게 시작하는 지금에 모든 예(禮)가 다 새로워졌으니 원구단(圜丘壇)에 첫 제사를 지내는 지금부터 마땅히 국호(國號)를 정하여 써야 한다. … (중략) … <u>우리나라는 곧 삼한(三韓)의 땅인데, 국초(國初)에 천명을 받고 하나의 나라로 통합되었다. 지금 국호를 '대한(大韓)'이라고 정한다고 해서 안 될 것이 없다. 또한 매번 각 국의 문자를 보면 조선이라고 하지 않고 한(韓)이라 하였다.</u> 이는 아마 미리 징표를 보이고 오늘이 있기를 기다린 것이니, 세상에 공표하지 않아도 세상이 모두 다 '대한'이라는 칭호를 알고 있을 것이다." … (후략)

대한제국의 성립 전후를 잠시 살펴보자. 김옥균 등의 주도하에

1884년에 일어난 갑신정변(甲申政變)을 계기로 하여 '개화당'은 조선의 자주독립과 근대화를 위해 중국의 그늘에서 벗어나고자 조선 국왕을 황제로 격상하려고 하였다. 그리하여 공식 칭호를 군주(君主)에서 대군주(大君主)로, 전하(殿下)를 폐하(陛下)로 높여 불렀으며, 명령을 칙(勅), 국왕 자신의 호칭도 짐(朕)으로 부르도록 하였다. 그러나 이러한 노력은 갑신정변의 실패로 중단되었고, 1894년 갑오개혁, 1895년 을미사변, 1896년 아관파천(俄館播遷)이라는 굵직굵직한 사건들이 이어졌다.

1897년 2월 여론에 떠밀려 고종이 러시아 공사관에서 경운궁(덕수궁)으로 환궁한 후, 독립협회와 일부 수구파는 연합하여 칭제건원(稱帝建元)을 추진하였는데, 연호를 광무(光武)로 고치고 하늘에 제사 지내는 원구단(圜丘壇=환구단)을 세웠으며, 드디어 1897년 10월 12일(음력 9월 17일) 황제 즉위식을 올림으로써 대한제국이 성립되었다.

고종 34년(1897) 10월 12일
<u>황제의 자리에 오르고, 왕후 민 씨를 황후로, 왕태자를 황태자로 책봉하고 산호만세 등을 창하다</u>
천지에 고하는 제사를 지냈다. 왕태자가 배참(陪參)하였다. 예를 끝내자 의정부 의정(議政府議政) 심순택이 백관(百官)을 거느리고 아뢰기를, "<u>고유제(告由祭)를 지냈으니 황제의 자리에 오르소서.</u>" 하였다. 신하들의 부축을 받으며 단(壇)에 올라 금으로 장식한 의자에 앉았다. 심순택이 나아가 12장문의 곤면을 성상께 입혀드리고 씌워 드렸다. 이어 옥새를 올리니 <u>상이 두세</u>

번 사양하다가 마지못해 황제의 자리에 올랐다. 왕후 민 씨(閔氏)를 황후(皇后)로 책봉하고 왕태자를 황태자(皇太子)로 책봉하였다. 심순택이 백관을 거느리고 국궁(鞠躬), 삼무도(三舞蹈), 삼고두(三叩頭), 산호만세(山呼萬世), 산호만세(山呼萬世), 재산호만세(再山呼萬世)를 창하였다.

하지만 제국이 성립되기까지 서로 연합하였던 독립협회 중심의 개화파와 상대당인 수구파는 정체(政體) 문제로 서로 대립하였는데 독립협회는 입헌군주제(立憲君主制)를 주장했지만, 수구파는 전제군주제(專制君主制)를 주장하였다. 이에 독립협회는 우리 역사상 처음으로 1만여 명이 참가한 만민공동회(萬民共同會)를 서울 종로에서 여는 등 입헌군주제를 지속적으로 요구했지만 결국 수구파들의 모략으로 좌절되었다. 수구파들은 독립협회가 고종을 폐위시키고 공화제(共和制)를 수립하려 한다는 중상모략을 담은 전단을 뿌렸다.

고종 36년(1899) 1월 2일
이석규가 박영효 등을 추천한 의관을 처벌할 것을 청하다
유학(幼學) 이석규가 올린 상소의 대략에,
"이른바 협회(協會)라는 것은 무슨 명목으로 만민공동회(萬民共同會)요 독립협회(獨立協會)라고 부르는 것입니까? 그 이른바 임금에서 충성을 다하고 나라를 사랑한다는 것은 폐하를 침범하고 나라에 화를 가져오며 인심을 선동하고 외부에서 엿보는 놈들과 결탁하여 나라를 없애버리려는 데 적중할 뿐입니다.

중추원(中樞院)의 회의석에 대하여 말하면 억지다짐으로 의관(議官)의 자리를 차지하여 그 의석에 참가하여 감히 도망간 역적 박영효, 서재필, 안경수를 제 마음대로 정부의 대신으로 추천하였으니, 어찌 이런 말을 마음속에서 싹틔우고 입 밖에 낼 수 있겠습니까? <u>천망(薦望)한 의관은 역률(逆律)로 다스림으로써 도망간 역적들이 주제넘게 노리는 싹을 끊어버릴 것입니다.</u>"
… (후략)

이에 고종은 독립협회 간부들을 체포하고 개혁파 조직을 붕괴시킨 다음, 수구파 정부를 수립하였다. 여기에 조선의 자주 독립 세력을 꺾어 버리는 것이 이롭다고 판단한 일본이 수구파에 적극적으로 가담, 독립협회의 운동을 탄압하도록 권고하고 이를 고종이 받아들여 독립협회와 만민공동회를 강제 해산함으로써 독립협회와 수구파의 싸움은 수구파의 일방적인 승리로 끝이 났다.

한일의정서, 을사늑약으로 이어지는 일제의 음모

그런데 수구파 내각은 국제열강의 세력균형을 이용하여 실력을 기르는 데 힘쓰기보다는 친러적인 경향이 강하였다. 이를 지켜 본 일본은 조선을 점령하기 위해서는 러시아와의 일전이 불가피하다고 생각했고, 러일전쟁을 본격적으로 준비하기 시작했다. 이를 눈치 챈 수구파 내각은 서둘러 국외중립을 선언했지만 러일전쟁을 일으킨 일제는 곧바로 서울을 점령한 뒤 대한제국을 위협하여 한국의 대일 협력을 강요함과 동시에 공수동맹(攻守同盟)을 골자로 하는 한일의정서(韓日議定書)를 체결하였다.

고종 40년(1903) 11월 23일
일본과 러시아가 전쟁을 할 때에는 중립을 지킬 것을 선언하다
각 국에 선언하기를, '장차 일본과 러시아가 전쟁을 할 때 우리나라는 관계하지 않고 중립을 지킨다.'고 하였다.

고종 41년(1904) 2월 23일
한일 의정서가 체결되다
한일 의정서(韓日議定書)가 체결되었다. 〈의정서(議定書)〉 대한제국(大韓帝國) 황제 폐하(皇帝陛下)의 외부대신 임시서리 육군참장(外部大臣臨時署理陸軍參將) 이지용과 대일본제국 황제 폐하의 특명전권공사(特命全權公使) '하야시 곤노스께'는 각각 상당한 위임을 받고 다음의 조목을 협정한다.
제1조: 한일 양국 사이의 항구적이고 변함없는 친교를 유지하고 동양의 평화를 확고히 이룩하기 위하여 대한제국 정부는 대일본제국 정부를 확고히 믿고 시정(施政) 개선에 관한 충고를 받아들인다. … (중략) …
제4조: 제3국의 침해나 혹은 내란으로 인하여 대한제국 황실의 안녕과 영토의 보전에 위험이 있을 경우에는 대일본제국 정부는 속히 정황에 따라 필요한 조치를 취할 수 있다. 그러나 대한제국 정부는 위 대일본제국의 행동을 용이하게 하기 위하여 충분한 편의를 제공한다. 대일본제국 정부는 전항

<u>의 목적을 성취하기 위하여 군략상 필요한 지점을 정황에 따라 차지하여 이용할 수 있다.</u>
제5조: 대한제국 정부와 대일본제국 정부는 상호간에 승인을 거치지 않고 뒷날 본협정 취지에 어긋나는 협약을 제3국과 <u>맺을 수 없다</u>. … (후략)

이를 시작으로 대한제국의 주권은 일제에 의해 침해되기 시작했고 치안권(治安權), 재정권을 잇달아 빼앗긴 뒤, 드디어 1905년 11월에는 을사늑약(을사조약, 제2차 한일협약)을 통해 외교권마저 강탈당했다. 을사늑약 이후 절치부심하던 고종은 1907년 네덜란드의 헤이그에서 개최된 제2회 만국평화회의에 특사를 파견하여 일제에 의해 강제 체결된 을사조약의 불법성을 폭로하고 한국의 주권 회복을 열강에게 호소하고자 외교적인 승부수를 던졌으나 일본의 조직적인 방해로 인해 결국 실패로 돌아갔다. 이 사건이 국내에 전해지자 초대 통감 '이토 히로부미'는 고종에게 특사파견의 책임을 추궁한 뒤, 강제로 퇴위시키고 순종을 등극시켰다.

•• 뱀의 발

일본 제국주의의 대한제국 침탈과정 요약표				
일자	명칭	별칭		비고
	내용			
1876-02-03	강화도조약	병자수호조약, 조일수호조규		
	• 이 조약의 체결로 조선은 쇄국에서 개항으로 정책변경 • 불평등조약으로 일본의 식민주의적 침략의 시발점이 됨			

1904-02-23	한일의정서		
	· 러시아와 전쟁을 일으킨 일본이 중립을 선언한 대한제국의 대일협력을 강요, 협박하기 위해 공수동맹(攻守同盟)을 전제로 하여 체결한 외교문서		
1904-08-22	제1차 한일협약	한일협정서	고문정치
	· 일본이 내정개선(內政改善)이라는 구실 아래 고문정치(顧問政治)를 실시하기 위해 한국을 강압해서 체결한 협정 (한일외국인고문용빙에관한협정서)
· 외교고문에 취임했던 미국인 스티븐스는 그의 친일행위에 격분한 전명운, 장인환 의사에 의해 1908년 미국 샌프란시스코에서 사살됨		
1905-11-17	제2차 한일협약	한일협상조약, 을사5조약, 을사보호조약, 을사늑약	통감정치
	· 일본이 한국의 외교권을 박탈하기 위해 강제로 체결한 조약
· 초대 통감으로 이토 히로부미 부임		
1907-06~07	헤이그 밀사 파견		
	· 고종이 네덜란드 헤이그에서 열리는 제2회 만국평화회의에 밀사를 보내 1905년 을사조약체결이 일본의 강압에 의한 것임을 폭로하고 이를 파기하려 피한 일		
1907-07-19	고종 강제 퇴위, 순종 즉위		
	· 고종이 헤이그 밀사 사건의 책임을 추궁하는 이토 히로부미의 강압에 못 이겨 제위를 순종에게 위임했다가 바로 양위한 사건		
1907-07-24	한일신협약	정미 7조약	차관정치
	· 일본이 한국을 강점하기 위한 예비 조처로서 체결한 7개 항목의 조약		
1907-08-01	대한제국 국대해산		
	· 군대해산 때 생길 무력항쟁을 예상한 일본에 의하여 용의주도하게 대한제국 군대가 강제로 해산된 사건		
1909-10-26	안중근 이토 히로부미 사살		
	· 안중근 의사가 하얼빈 역에서 초대 통감이었던 이토 히로부미를 저격한 의거		
1910-08-22	한일병합조약	경술국치조약, 일제병탄조약	식민통치
	· 일본 제국주의가 대한제국을 완전한 식민지로 만들기 위해 강제로 체결한 조약
· 1910-08-29 공포됨		

경운궁이냐? 덕수궁이냐?

일제는 고종이 아들인 순종에게 영향력을 행사할 것을 우려하여 부자사이를 떼어놓기 위해 순종의 거처를 경운궁에서 창덕궁으로 옮겨버렸다. 이 때문에 순종은 창덕궁으로 이어하면서 남겨진 아버지의 만수무강을 비는 의미에서 고종의 궁호(宮號)를 '덕수(德壽)'라고 하였기 때문에 이후 경운궁은 덕수궁으로 불리게 되었다.

> 순종 즉위년(1907) 8월 2일
> 궁내부에서 태황제궁의 칭호를 덕수로 하고 부의 칭호를
> 승녕으로 할 것을 아뢰다
> 궁내부대신(宮內府大臣) 이윤용이, "태황제궁의 호망단자(號望單子)를 덕수(德壽)로, 부(府)의 호망단자를 승녕(承寧)으로 의정(議定)하였습니다."라고 상주(上奏)하니, 윤허하였다.

덕수궁이나 수강궁처럼 궁의 이름에 목숨 수(壽) 자가 들어간 궁궐은 본래 퇴위한 황제나 상왕이 머무는 궁궐을 일컫는 말이다. 건국 직후 태조 이성계가 퇴위한 후 머문 궁의 이름도 덕수궁이었는데, 이때는 정종이 개경(개성)으로 일시 환도한 상태였기 때문에 덕수궁 역시 그곳 개경에 있었다. 그러나 태종 즉위 후 다시 한양으로 천도한 뒤에는 살아있을 때 양위한 뒤 상왕으로 물러난 태조 이성계나 태종 이방원의 거처도 모두 덕수궁으로 불렸다.

> 정종 2년(1400) 6월 1일

태상왕의 궁을 세워 덕수궁이라 하고 부를 세워 승녕부라 하다
태상궁(太上宮)의 호(號)를 세워 '덕수궁(德壽宮)'이라 하고, 부(府)를 '승녕부(承寧府)'라 하였다.

태종 3년(1403) 3월 8일
태상왕이 덕수궁으로 이어하다
태상왕(太上王=태조)이 덕수궁(德壽宮)으로 이어(移御)하였다. … (후략)

문종 즉위년(1450) 4월 6일
영의정 하연 등과 신미의 관직 제수와
영응 대군의 거처 등을 의논하다
(전략) … 또 의논하기를, "대행왕(大行王=세종)이 덕수궁(德壽宮=태종), 인덕궁(仁德宮=정종) 양궁을 한 곳에 모아서 모시고자 하였으니, 지금 한 곳에 모으는 것이 어떠하겠는가?"하니, 여러 사람들이 말하기를, "좋습니다." 하였다.

그런데 덕수궁을 원래 이름인 경운궁으로 되돌려야 한다는 주장이 끊이지 않고 있다. 그 근거로는 덕수궁으로의 명칭 변경이 결국 일제 침략과 직접적인 연결고리가 있는 고종의 퇴위와 관련이 있기 때문에 일제의 잔재로 봐야 한다는 의견이다. 하지만 반대의견도 만만치 않은데 덕수궁의 원래 의미는 퇴위한 왕의 거처를 의미하는 것이기 때문에 객관적으로 일제의 잔재라고만은 할 수 없으며, 덕수궁이란 이름이 가진 역사도 무시할 수 없다는 반론이다.

•• 뱀의 발

관우가 공자보다 서열이 더 높은 이유

역사적으로 중국에는 문(文)의 최고상징과 무(武)의 최고상징이 있다. 문(文)의 최고상징을 모신 곳을 문묘(文廟)라고 하고, '공자'를 모신다. 한편 무(武)의 최고상징을 모신 곳을 무묘(武廟)라고 하고, 이곳에는 '관우'를 모신다. 우리나라도 성균관에는 공자를 모신 문묘(文廟)가 있고, 종로구 숭인동의 동묘(東廟)는 관우를 모신 무묘(武廟)이다.

문묘에 모신 공자의 위패는 '大成至聖 文宣王(대성지성 문선왕)'이라고 쓰여 있다. 그래서 공자를 모신 전각을 대성전(大成殿)이라고 한다. 한편, 무묘에 모신 관우의 위패는 '忠義神武靈佑仁勇威顯關聖大帝(충의신무영우인용위현관성대제)'라고

문묘(文廟) - 대성전 앞마당

쓰여 있는데, 줄여서는 관성대제(關聖大帝) 또는 관제(關帝)로 불린다. 그런데 공자는 문선왕, 즉 신분 수준이 '왕'급인데 비해, 관우는 관제, 즉 신분 수준이 왕보다 한 단계 더 높은 '황제'급이다. 우리와 마찬가지로 공자에서 비롯된 유교문화권에 속하는 중국에서도 전통적으로는 무(武)보다 문(文)을 더 숭상했는데, 만인의 스승인 공자의 서열이 일개 장수였던 관우보다도 밀리는 이유는 무엇일까?

 역사적으로 보면 중국 내에서 관우를 신으로 모시는 민간차원의 관우신앙이 있기는 했지만, 그렇다고 처음부터 관우를 황제로까지 떠받든 것은 아니었다. 관우는 송나라 때에 가서야 처음으로 무안왕(武安王)이라는 왕급으로 추숭되고 이후 명나라 때에 드디어 관성제군(關聖帝君)이라는 황제 타이틀이 최초로 붙은 다음, 청나라 때에는 관성대제(關聖大帝)로 고착화된다. 즉 시간이 가면서 점점

무묘(武廟)인 동묘(東廟)

신분 서열이 올라갔음을 알 수 있다. 수나라, 당나라 때까지만 해도 중국인들은 자신들이 중원의 주인이었기에 정치적 차원에서는 그다지 아쉬울 것이 없었지만 송나라 때에 가서는 거란의 요나라, 여진의 금나라, 몽골의 원나라 등 북방민족에 밀려 중원을 내준 뒤 양자강 이남으로 쫓겨나 이른바 남송(南宋)으로 찌그러져야 했고, 따라서 중원을 다시 되찾고자 절치부심하기 시작했다.

이런 정치적인 이유 때문에 송나라 정권에서는 정신무장을 통한 국력강화를 위해 역사상 충신의 이미지를 가장 확실히 보여주는 롤 모델을 찾았고, 그중에서 관우가 가장 적임자로 떠올랐다. (민간에서 관우는 조조의 모든 제안을 뿌리치고 유비를 찾아가는 충성과 의리의 상징이었다.) 조선에서도 비슷한 사례가 있다. 비록 조선의 개국에는 반대하여 이방원 일파에게 암살당했지만, 정몽주는 충절의 상징적 존재로서 조선의 문묘에도 충신으로 배향되었다. 오히려 라이벌 이었던 개국공신 정도전은 왕권에 대항했던 죄로 역대 왕들의 미움을 받아 조선왕조가 끝날 때까지 철저히 외면당했다. 아무튼 송나라 이후에도 역대 중국정권은 관우에게서 좀 더 정권에 충성하는 이미지를 뽑아내고자 노력했고, 그것이 결국 황제로까지 추숭하는 결과로 이어졌다.

한편, 유학을 국가의 사상적 기반으로 하는 중국에서도 유학의 시조이자 최고봉인 공자를 관우처럼 '황제'의 반열로 추숭하고자 하는 움직임은 당연히 있었다. 그러나 매우 합리적인 반대여론에 부딪혀 추숭작업은 '왕'의 반열에서 멈추었다. 그 반대 논지의 핵심은 바로 역사적인 '시기'와 관련이 있다.

'황제'는 하늘의 아들(대리인)이라는 뜻으로 보통 천자(天子)라고 불린다. 그런데 황제라는 칭호가 처음부터 있었던 것이 아니었다. 중국 역사상 최초의 군주들은 천자(天子)를 뜻하는 '임금' 또는 '왕'이라고 불렸다. 전설상에 나오는 '요임금, 순임금, 우임금'이 그렇고, 이후 왕(王)이라는 호칭으로 바뀌어 사용되었다. – 탕왕, 문왕, 무왕, … (충무공 이순신의 형제들 이름도 '이요신, 이순신, 이우신' 인데, 중국 역사상 성군들의 이름 - 요임금, 순임금, 우임금 - 을 딴 것이다.)

전통적인 중국이라는 최초의 봉건국가 시스템을 갖춘 주(周)나라의 군주도 처음부터 '주문왕', '주무왕'으로 불렸다. 이때까지는 여전히 왕[King]은 천하(天下)를 다스리는 하늘의 아들(천자)이었고, 그는 자신에게 충성을 맹세하는 공신들을 '제후[Prince]'에 봉하여(이것을 책봉이라고 한다.) 분봉 받은 자신들의 나라(國)를 다스리게 했다. 이것을 주나라의 봉건제라고 한다.

따라서 봉건제에서 제후[Prince]는 '나라[國]'를 다스리는 존재였고, 왕[King]은 나라보다 더 큰 개념인 '천하(天下)'를 다스리는 존재였다. 이 당시 제후들의 호칭은 공(公)이었다. (제나라 환공, 진나라 목공, 노나라 정공, 송나라 양공, ……) 제나라, 진나라, 노나라, 송나라 등 모든 제후국은 주(周)나라를 상국(上國)으로 모셨는데, 제후국은 공국(公國)이었고, 주나라는 왕국(王國)이었다.

[참고로 1943년 프랑스 작가 생텍쥐페리가 발표한 동화 'Le Petit Prince(The Little Prince)'를 우리는 '어린 왕자'로 번역하지만 이는 잘못된 번역이다. 여기서 Prince는 왕의 아들인 '왕자'가 아니라 '제후', 즉 자신이 통치하는 영토가 있는 '군주'를 뜻한다. 따라서 '어린 군주'로 바로 잡아야 한다. 또한 16세기 르네상스 때 이탈리아의 정치이론가였던 마키아벨리의 대표적 저서 '군주론'의 영어 제목은 'The Prince' 이고, 이탈리아어는 'Il principe' 이다.]

한편 제후국은 비록 주나라 임금으로부터 분봉 받은 나라를 다스리는 존재였지만 완전히 배타적인 정치권력을 가지고 있었고, 주왕실에 반기를 들지 않는 한 권력을 대대로 세습할 수 있었다. 제후들 역시 그들 나라의 일부를 다시 자신에게 충성하는 공신들[경(卿), 대부(大夫)]에게 나누어 주었는데, 제후의 공신들에게 나눠 준 영지(領地)를 가(家)라고 불렀다. 지금도 거물 정치인의 주변 인물들을 가리켜 가신(家臣)이라는 말을 사용하고 있는데 원래의 의미는 제후에게 딸려 있으면서 제후를 받드는 경, 대부의 신하들을 뜻한다. 따라서 수신제가치국평천하(修身齊家治國平天下)라는 대학(大學)의 8조목 구절 중에서 제가(齊家)는 개인의 집안을 다스리는 것이 아니라, 제후의 가신인 경대부(卿大夫)의 영지를 다스리는 것을 뜻한다.

   그런데 주나라 후반기인 춘추시대(동주시대)가 되면 제후들의 세력이 막강해지면서 주나라 왕실을 우습게보기 시작했다. 공자는 바로 이 춘추시대의 끝부분을 살았던 사람이다. 공자가 집필한 역사책이 바로 '춘추'인데, 춘추시대라는 용어는 바로 공자의 저서 '춘추'에서 비롯된 말이다.

구분		통치단위 및 표현	통치자 (秦이전)	호칭예 (秦이전)	통치자 (秦이후)	호칭예 (秦이후)	대학 (大學)	大韓帝國
지배 계급		천하(天下) 萬乘之國	왕(王) King	殷탕왕 周문왕	황제(皇帝) Emperor	한고조 당태종 수문제 강희제	평천하 (平天下)	고종 순종
		나라(國) / 千乘之國	제후(公) Prince	齊환공 魯정공	국왕(國王) King/ Prince	한중왕 무안왕 고려왕 조선왕	치국 (治國)	영친왕 의친왕
		지방(家) / 百乘之家	경, 대부 (卿, 大夫)	맹손씨 계손씨	공, 경, 대부 (公, 卿, 大夫)		제가 (齊家)	
		없음	가신, 사 (家臣, 士)		가신, 사 (家臣, 士)		수신 (修身)	
피지배 계급		백 성						

   춘추시대까지만 해도 명목상으로 '왕'은 대체로 주나라의 임금만을 가리키는 용어였지만, 이후 전국시대로 넘어가면서 세력이 강성해진 제후들이 '공'이라는 호칭을 버리고 너도나도 '왕'을 참칭하게 되었다. 전국시대라는 피비린내 나는 전쟁의 시대를 마감하고 중국대륙(천하)을 통일한 진(秦)나라의 왕 '영정(嬴政)'은 기존의 '왕'이라는 호칭이 영 못마땅했다. 전국시대에 개나 소나 왕이라고 하던 것이 영 마음에 걸렸던 것이다.

춘추 - 국립중앙박물관

    그래서 신하들에게 명하여 자신에게 어울리는 새로운 호칭을 만들어오게 했고, 고심하던 신하들은 중국의 건국신화 및 전설 속에 나오는 삼황오제(3황5제)로부터 두 글자를 따서 '황제(영어로는 Emperor)'라는 호칭을 올렸다. 진(秦)나라의 왕 '영정(嬴政)'은 그 호칭이 마음에 들어 즉시 사용하기로 했는데, 자신은 처음 시작하는 황제라는 뜻에서 '시황제(始皇帝)'라 했고, 진나라의 황제이므로 '진시황제(秦始皇帝)'가 된 것이다. '황제'라는 호칭이 생겨난 이후로 '왕'은 제후들의 호칭으로 등급이 하향조정 되었다.

    따라서 공자가 살았던 춘추시대 말기에는 '황제'는 존재하지도 않았고, '왕'이야말로 천하를 다스리는 천자(天子)의 위치에 있었다. 그렇기에 공자는 비록 문(文)을 펼친 왕이라는 뜻의 '문선왕'이라는 호칭으로 불리지만, 그 자체로도 천자(天子)의 지위를 의미하게 되는 것이다.

대한문

이름 변경의 용의자, 이토 히로부미

개화파와 수구파의 연합으로 탄생한 대한제국

　　대한문(大漢門 / 大: 큰 대, 漢: 한수 한, 門: 문 문)은 현재 덕수궁의 정문역할을 하고 있다. 건축적인 측면에서 대한문은 다른 모든 궁궐의 정문과 마찬가지로 용마루와 내림마루(합각마루)만 있고 추녀마루(귀마루)가 없는 우진각지붕이지만, 중층으로 되어 있는 경복궁광화문, 창덕궁돈화문, 창경궁홍화문과는 달리, 경희궁흥화문P.053처럼 단층인 것이 특징이다. 정면 3칸 측면 2칸의 다포계(多包系) 건물로서 원래 정전(正殿)인 덕수궁중화전(中和殿)의 정면에 있었던 것을 나중에 동쪽으로 옮

대한문(단층)

긴 것이다.

그런데 대한문 뒤쪽의 돌다리인 금천교는 궁궐 정문과 너무나도 바짝 붙어있다. 뿐만 아니라 금천교 옆에는 '대소인원개하마(大小人員皆下馬)'라고 쓰여 있는 하마비가 서 있다. 궁궐 앞에서는 신분의 고하를 막론하고 누구나 타고 가던 말에서 내리라는 뜻을 가진 하마비가 왜 궁궐 정문의 바깥쪽에 있지 않고 생뚱맞게도 안쪽에 있을까? 이는 덕수궁의 궁궐 담장과 아울러 대한문의 위치가 궁궐 안쪽으로 밀려나면서 하마비마저도 제자리를 잃고 현재의 위치로 옮겨졌기 때문이다.

일제강점기인 1914년에 세종로 사거리에서 남대문에 이르는 태평로가 넓게 만들어지면서, 지금 서울시청을 바라보고 있는 덕수

경복궁 광화문(중층)

창경궁 홍화문(중층)

덕수궁 실록으로 읽다
궁성과 문

창덕궁 돈화문(중층)

경희궁 흥화문(단층)

금천교

대한문(정문)과 너무나도 바짝 붙어있는 금천교

덕수궁 실록으로 읽다
궁성과 문

금천교 앞 대소인원개하마(大小人員皆下馬)라고 써있는 하마비

궁의 동쪽 담장과 대한문이 뒤로 한 차례 밀려나게 되었다. 그런데 1968년에도 도시계획으로 태평로의 폭이 크게 확장되면서 한 차례 더 뒤로 물러나 앉게 되었는데 1960년대 초반에 찍은 사진을 보면 대한문이 마치 지금의 '경복궁동십자각'처럼 도로 한가운데 섬처럼 고립되어 있다.

덕수궁은 정전(正殿)인 중화전(中和殿)을 짓기 전까지는 임시로 즉조당(卽祚堂)을 정전으로 사용하고, 3문(門) 형식을 갖추지 않은 채, 남향을 하고 있던 인화문(仁化門)을 정문으로 사용하고 있었다. 그러다가 광무 6년(1902) 들어 궁궐을 크게 중건하면서 정전인 중화전과 더불어 중화문(中和門), 조원문(朝元門)을 세워 3문 체제를 갖추었다. 또한 얼마 뒤 인화문 자리에는 건극문(建極門)을 세우고, 조원문 앞 동

1960년대 초반의 대한문 - 조선일보

경복궁 동십자각

덕수궁 실록으로 읽다
궁성과 문

쪽에는 대한문의 전신인 대안문(大安門)을 세워서 새로 정문으로 삼았다.

그럼 동쪽을 바라보고 있던 대안문(大安門)은 왜 덕수궁의 새 정문이 되었으며, 또한 이름은 왜 대한문(大漢門)으로 바꾸었을까? 특수한 경우를 제외하면 원래 궁궐 건축에서 정문은 남향을 하는 것이 원칙이다. 이를 유교적 관점에서는 군주남면(君主南面)이라고 부른다. 덕

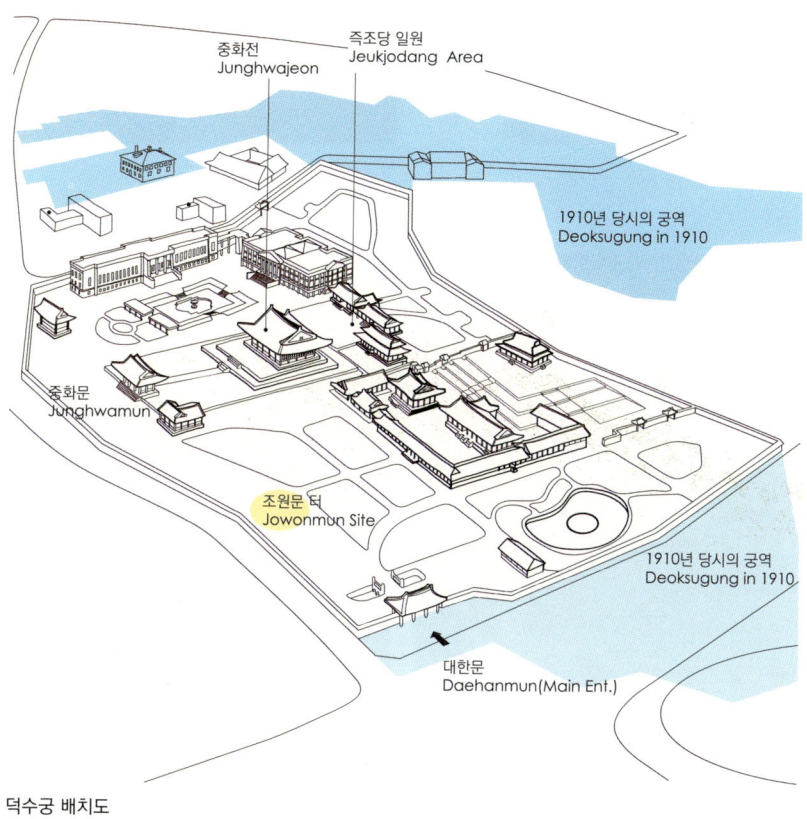

덕수궁 배치도

경복궁 광화문 현판

창덕궁 돈화문 현판

창경궁 홍화문 현판

경희궁 흥화문 현판

수궁도 예외는 아니어서 처음에는 남향을 하고 있던 인화문(仁化門)이 정문이었다. 모든 조선궁궐의 정문은 임금의 덕으로 백성을 교화한다는 의미에서 교화를 의미하는 '될 화(化)'자가 들어가는 것이 규범이었다. [경복궁광화문. 창덕궁돈화문. 창경궁홍화문. 경희궁흥화문] 그런데 인화문 앞은 길이 협소하고 게다가 물길까지 있어서 정문의 역할을 제대로 못했다. 그러다가 20세기 들어서면서 오히려 덕수궁 동쪽의 태평로 쪽으로 사람들의 왕래가 잦아지면서 자연스럽게 정문의 역할을 동문인 대안문(大安門)이 차지하게 된 것이다.

고종 35년(1898) 11월 26일
인화문 밖에 나가서 각 국의 공사와 영사들을 소견하다
인화문(仁化門) 밖에 나가서 각 국의 공사(公使)와 영사(領事)들을 소견(召見)하였다. 이어 민인(民人)들을 통유(洞諭)하고 독립협회(獨立協會)를 하유(下諭)하였다. … (후략)

한편, 대안문(大安門)은 왜 대한문(大漢門)으로 이름이 바뀌었을까? 이것과 관련하여 실록에는 다음과 같이 짧게 기록하고 있다.

고종 43년(1906) 4월 25일
경운궁의 대안문을 대한문으로 고치다
중건도감(重建都監) 의궤 당상(儀軌堂上) 이재극이 아뢰기를, "경운궁(慶運宮) 대안문(大安門)의 수리를 음력 4월 12일로 길일(吉日)을 택하여 공사를 시작할 것을 상주(上奏)합니다." 하니, 제칙(制

勅)을 내리기를, "대한문(大漢門)으로 고치되 아뢴 대로 거행하라." 하였다.

고종 43년(1906) 5월 1일
이근명을 대한문의 상량문 제술관에 임명하다
중건도감(重建都監)에서 주차(奏差)하였다. 대한문 상량문 제술관(大漢門上樑文製述官)은 영돈녕사사(領敦寧司事) 이근명, 서사관(書寫官)은 종1품 윤용구, 현판 서사관(懸板書寫官)은 특진관 남정철이다.

궁궐의 중건을 담당하는 임시관청인 중건도감이 활동을 했다는 실록기사는 궁궐에 큰 변고가 있었음을 알려준다. 실제 1904년에 덕수궁(경운궁)에서는 큰 화재가 있었다.

고종 41년(1904) 4월 14일
경운궁이 불타다
경운궁(慶運宮)에 화재가 났다. 〔함녕전(咸寧殿), 중화전(中和殿), 즉조당(卽阼堂), 석어당(昔御堂)과 각 전각(殿閣)이 모두 탔다.〕

그런데 각종 기록을 종합적으로 살펴보면 당시 대안문은 중수나 중건에 해당하는 큰 수리를 했다는 기록이 없는 것으로 봐서 큰 피해는 없었던 것으로 추정할 수 있다. 아마도 궁궐의 가장 바깥쪽에 위치하고 있어서 화마로부터 벗어날 수 있었던 것으로 보인다. 그런데 좀 상식적으로 이해가 안 가는 부분이 있다. 대안문의 이름을 대한문으로 고치고 나서 불과 6일 후에 대한문의 상량문(上樑文)을 언급하고 있는 것이다. 상량문은 새로 짓거나 고친(重修 또는 重建) 집의 내력, 공역 일시 등을 적어 둔 글이다. 그런데 당시 대안문은 상량문을 쓸 만큼의 큰 수리를 하지 않았다. 그럼에도 불구하고 왜 상량문을 써야만 했을까? 상식적으로 판단해 보건데 당시 대한문은 상량문을 써야 할 상황이 아니라 단순히 편액을 바꾼다는 의미의 환액문(換額文)을 필요로 했을 것이다. 아쉽게도 그 이유를 밝혀줄 문서나 자료는 현재까지 발견되지 않았다. 그저 결과만 알고 있을 뿐이다.

대한문으로의 이름 변경에 드리운 이토 히로부미의 그림자

헌데, 이런 의문을 풀어줄 합리적인 추론이 등장을 했는데, 경운궁의 대화재가 발생하기 한 달 남짓 전에 이토 히로부미가 실록 속에 등장한 것에서 실마리를 풀어가 보자.

고종 41년(1904) 3월 18일
<u>일본국 특파 대사 이토 히로부미가 국서를 바치다</u>
함녕전(咸寧殿)에 나아가 황태자(皇太子)가 시좌(侍座)한 상태에서 일본 특파 대사(日本特派大使) 이토 히로부미를 접견하였다. 국서(國書)를 봉정하였기 때문이다.

이토 히로부미는 일본 제국주의자들 중에서도 온건파의 수장이었다. 일반인들의 생각과는 달리 당시 조선인들에게는 일제의 강경파보다는 온건파가 더 무서운 존재였다. 그 이유는 일제 강경파의 정책은 우리에

이토 히로부미 사진 – 국립고궁박물관

게도 반작용으로서 무력항쟁의지를 불러일으키지만, 온건파의 정책은 너무나 교묘해서 항쟁의지 자체를 소멸시켜버리기 때문이었다. 그래서 이토는 주도면밀하게 우리 측 대신들을 회유했고 심지어 자발적으로 황태자 영친왕의 스승이 되어 그를 일본인으로 세뇌시키려고까지 했었다. 실제 대한문의 상량문 작업에 참여했던 의궤 당상 이재극, 상량문 제술관 이근명, 서사관 윤용구, 현판 서사관 남정철은 모두 일본 귀족작위(자작과 남작)를 받았다.

그럼 대안문(大安門)과 대한문(大漢門)의 차이는 무엇일까? 한자문화권에서 전각이나 문의 이름은 그 소유자의 정신세계나 가치관을 반영한다. 더군다나 왕의 거처인 궁궐의 정문이름은 그런 점에서 가장 대표적인 사례로 꼽을 수 있는데, 그 궁궐의 주인인 군주의 사상을 대변하고 있는 것이다. 경복궁광화문의 뜻은 백성에 대한 임금의 교화(化)가 빛나는[光] 문이고, 창덕궁돈화문은 임금의 교화(化)가 돈독해지는[敦] 문이며, 창경궁홍화문은 임금의 교화(化)가 드넓어지는[弘] 문이고, 경희궁흥화문은 임금의 교화(化)가 창성하며 일어나는[興] 문의 뜻을 담고 있다.

대안문(大安門)의 경우, 나라와 백성이 크게 평안한 문이라는 뜻을 담고 있다. 누가 들어도 쉽게 납득이 가는 이름이다. 그러나 대한문(大漢門)은 어떤가? 글자는 단 하나만 바뀌었는데 바로 한수 한(漢)이다. 한자사전에서 한(漢)을 찾아보자. 다섯 가지 뜻이 나온다.

1. 한수(漢水), 물의 이름
2. 한나라(漢--)
3. 종족(種族)의 이름
4. 은하수(銀河水)
5. 사나이, 놈

1의 경우 한강처럼 물의 이름이다. 2와 3은 중국인들이 자신들을 한족이라고 지칭하거나 역사상 한고조 유방이 세운 한나라를 가리키므로 덕수궁과는 관련이 없는 것 같다. 4는 1과 의미가 상통하는 느낌인데 다만 물이 땅 위가 아니라 하늘에 떠 있는 물이다. 5는 남자를 얕잡아 보는 뜻으로 괴한, 악한, 치한과 같이 쓰인다.

따라서 대한문(大漢門)은 그 어떤 뜻으로 해석해도 한 나라의 임금이 내세울 만한 사상을 담을 수는 없다. 나쁘게 해석하면 고종을 '큰 놈'으로 비하하는 뜻으로 해석될 수 있으며, 가장 좋게 해석한다고 해도 기껏 큰 은하수로 들어가는 문이라는 생뚱맞은 뜻이다. 그것이 어디 한 나라의 군주가 내세울 만한 대표적인 이름일까? 결국 이토는 교묘하게도 발음이 비슷한 단 한 글자만 바꿈으로 인해 우리나라의 흔들림 없는 안녕(大安)을 백성들의 머릿속에서 깨끗이 지워버리고 속된 말로 우리를 완전히 물 먹인 것이다.

❚ 뱀의 발

한학자 노석 여구연(呂九淵, 1865~1938)**선생의 개인문집인 노석집**(老石集)**에 나온 대한문 관련 내용**

老石集 二

· 丙午: 大安門之名博文換之曰大漢門

悲哀王四十三年丙午也陽四月日慶運宮之大安門受亂事起焉矣大安門之懸板以大漢門換之焉換之者倭虜博文也安字以漢字換之也漢之義有浮浪人是男子之賤稱也怪漢之漢是也博文欲奪朝鮮國之安故奪之其安字也大安門乃慶運宮之門也命名者龍蛇亂時 宣廟也由是博文益忌安字遂奪其安字也博文執政之衙乃南山統監府且悲哀王執政之宮闕乃慶運宮也向九年前丁酉悲哀王自昌德宮移御于衙館于自衙館遷還御于慶運宮是倣 宣廟古事而從之者也博文忌之者 宣廟古事之終始夜博文之蠻作其大漢者誰也悲哀王其比也博之行蠻何以成之乎傳曰慶運宮之修繕時乘夜換之也是譎計也役中博文竊取而換之焉行於夜間史氏曰安字之被奪也國之將來不安

· 병오: '대안문'의 이름은 이등박문(이토 히로부미)이 바꾸어 '대한문'이라 했다.

비애왕(고종) 43년이 병오이다. 양력 4월 어느 날 '경운궁'의 '대안문'이 수난을 당했다. '대안문'이라는 현판을 '대한문'으로 바꾼 것이다. 바꾼 사람이 왜놈 박문(이등박문=이토 히로부미)이다. '안'자를 '한'자로 바꾼 것이다. '한'의 뜻에는 '부랑인'이 있다. 이는 남자의 얕잡아 이르는 것이다. '괴한'의 '한'이 이것이다. 박문이 조선국의 '안: 평안'을 빼앗고자 했기에 그 '안'자를 뺏은 것이다. '대안문'은 '경운궁'의 문이다. 이름을 지은 사람이 룡사란(임진왜란) 때 선조임금이다. 이로 말미암아 박문이 '안'자를 더욱 싫어하여 마침내 그 '안'자를 뺏은 것이다. 박문이 집정한 관아가 남산통감부이고, 비애왕이 집정한 궁궐

대안문, 고종(高宗) 출궁행렬 - 국립민속박물관

이 '경운궁'이다. 9년 전 정유에 비애왕이 창덕궁에서 아관으로 리어하였고 아관에서 '경운궁'으로 돌아온 선조임금 고사를 본받아 따른 것이다. 박문이 싫어한 것이 선조임금 고사의 일이다. 박문의 야만이 만든 그 '대한'은 누구인가? 비애왕을 비유한 것이다. 박문의 만행이 어찌 이루어진 것인가? 전하기를, "'경운궁'을 수선할 때 밤을 틈타 바꾼 것이다. 이것은 속임수이다. 작업 중에 박문이 훔쳐서 바꾼 것이다. 야간에 행해진 것이다."라 했다. 사 씨(사관)가 이르기를, "'안' 자가 빼앗겼으니 나라의 장래가 불안하도다."라 했다.

치조 일원 I
정전

중화문

매국노
이완용의
흔적을 찾다

양아버지의 후광을 입은 이완용

　중화문(中和門 / 中: 가운데 중. 和: 화합할 화. 門: 문 문)은 덕수궁의 법전(法殿=正殿)인 중화전(中和殿)의 정문이다. 정면 3칸 측면 2칸의 겹처마 다포계 팔작지붕으로 치조의 정문답게 건물이름을 그대로 사용하고 있다. 지금 중화문의 앞쪽(남쪽)은 덕수궁 담장으로 가로막혀 있지만 원래는 덕수궁의 정문인 인화문(仁化門)이 있었다. 대한제국 초기에 제작된 경운궁 평면도를 살펴보면 대한문을 지나 중화문에 이르는 중간 지점에 중문인 조원문(朝元門)도 놓여있었으나 인화문과 마찬가지로 현재는 사라진 상태다.

중화문

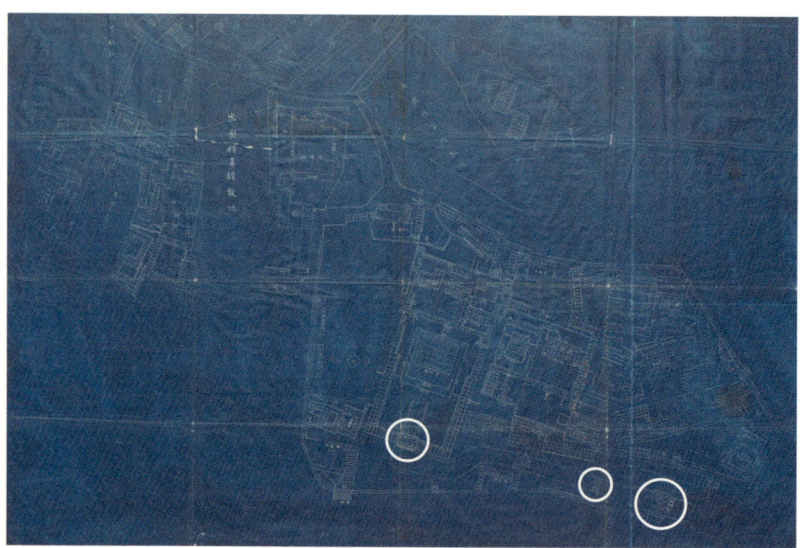

대한제국 시대 경운궁(덕수궁) 평면도, 표시된 우측부터 대한문-조원문-중화문 - 한국학중앙연구원 장서각

한편, 각종 자료에 의하면 지금의 중화문은 중화전과 함께 1902년 처음 세워질 때는 중층 팔작지붕으로 되어 있었지만 1904년 대화재로 소실된 뒤 1906년 재건되면서 단층으로 축소된 중화전과 맞추기 위해 지금의 모습처럼 단층 팔작지붕으로 건립되었다고 한다. 하지만 중층의 중화전 앞에 단층의 중화문이 있는 사진자료가 발견됨에 따라 이 부분에 대한 추가적인 연구가 필요하다. 또한 중화전의 원래 조정마당은 다른 궁궐과 마찬가지로 행각으로 빙 둘러싸여 있었지만 지금은 모두 잘려 나가고 중화문의 남동쪽에 그 행각의 일부만이 덩그러니 남아있다.

그런데 중화문의 중건 시 상량문을 만드는 작업에 낯익은 이름이 눈에 띈다. 바로 매국노의 대명사, 이완용이다.

고종 42년(1905) 1월 6일
중화전의 상량문 제술관으로 심순택을 임명하다
중건도감(重建都監)에서 주청(奏請)하여 중화전(中和殿)의 상량문 제술관(上樑文製述官)에 심순택을, 서사관(書寫官)에 박기양을, 현판 서사관(懸板書寫官)에 김성근을, 중화문(中和門)의 상량문 제술관(上樑文製述官)에 이순익을, <u>서사관으로 이완용(李完用)</u>을, 현판 서사관에 조동희를 차출하였다.

이완용이 실록에 등장하는 최초의 기록은 1882년 기사인데, 이 해 25세의 나이로 증광문과에 병과(丙科) 18위로 급제한 뒤 고종은 이완용에게 궁중악사 등을 보내 축하 연주를 하라고 하였다.

고종 19년(1882) 11월 2일
새로 급제한 이완용에게 사악하도록 명하다
전교하기를, "새로 급제한 이완용에게 사악(賜樂: 임금이 신하에게 악공 등 풍류와 잔치를 내려 주던 일)하라." 하였다.

그런데 뭔가 이상한 점이 있다. 최종 과거시험인 전시(殿試)를 통과한 합격자 33명 중에서 병과(丙科)의 합격자는 갑과(甲科) 3명, 을과(乙科) 7명에 이은 세 번째 그룹 23명인데, 그중에서조차 18위이므로 전체 33명의 합격자 중에서는 총 28위에 해당하는 낮은 순위다. 그럼에도 불구하고 고종은 이완용에게 특별히 사악(賜樂)을 명했고, 병과(丙科) 합격자에게는 정9품이 주어지는 것이 규정임에도 불구하고 갑과(甲科) 2~3위에게 주어지는 정7품의 관직을 준 것은 정상적인 경우에서는 있을 수 없는 일이었다.

이는 이완용의 출생과 연관 있는 일이다. 우봉 이 씨(당연하지만 이완용은 족보에서 삭제되었다.) 계파 중에서도 몰락한 양반집안 출신인 이완용은 10살 때 먼 친척 아저씨뻘인 중추부 판사 이호준에게 입양됐다. 그런데 이호준은 당시 정계의 거물로서 대원군의 측근이자 친구이기도 했기 때문에 정치적인 역량이 대단했으며, 대원군이 몰락한 이후에도 재빨리 민 씨 정권과 손을 잡는 등 처세에도 밝았다. 이완용과 과거 급제 동기인 서재필은 이완용보다 과거 성적도 더 높았고 최연소 합격자였음에도 불구하고 집안이 제대로 받쳐주질 못해 약 3개월여를 임관도 못한 채 대기상태에 있어야 했다는 점을 감안하면, 이완용의 경우에는 양아버지 이호준의 정치적 영향력이 많이 작용했음을 충분히 짐작할 수 있다.

고종 2년 7월 6일
이호준을 이조 참의에 임명하다

고종 5년 2월 20일
이호준을 이조 참판에 임명하다

고종 18년 12월 10일
이호준을 이조 판서에 임명하다

고종 26년 5월 22일
이호준을 판의금부사에 임명하다

고종 34년 9월 30일
이호준을 중추원 의장에 임명하다

고종 35년 8월 1일
이호준 등을 궁내부 특진관에 임명하다

이완용이 처음부터 매국노는 아니었다

이완용의 급제로부터 2년 뒤인 1884년 갑신정변이 일어났으나 3일 천하에 그쳤고 급진개화파는 몰락했다. 그러나 이완용은 양부 이호준과 함께 수구파에 속해 있어서 민 씨 정권과 대립하지 않았고, 또한 조선 최초의 근대적 관료 재교육기관이었던 육영공원(育英公院)에 입학해 재교육을 받으면서 비로소 신문물을 접했는데 이때 뛰어난 성적을 거둬 고종의 눈에 확실한 도장을 찍었다. 이후 정3품 당상관에 오르기까지 과거 급제부터 채 5년도 걸리지 않았는데 이는 조선 역사를 통틀어 실로 유례없이 빠른 승진이었다.

　육영공원에서 받은 영어교육으로 인해 그는 당시 조선인 중에서는 몇 명 되지도 않는 영어 실력자 중의 한 사람이었다. 때문에 그는 미국주재 공사로 나가서 2년 5개월간 주미 외교관으로 활동하며 친미파 관료가 되어 조선으로 돌아왔다. 때마침 을미사변이 일어나자 친미, 친러파의 관리와 군인이 주동이 되어 친일정권에 포위된 채 불안과 공포에 떨고 있던 국왕 고종을 궁 밖으로 나오게 하여 친일정권을 타도하고 새 정권을 수립하려고 했던 일명 '춘생문 사건'이 터졌는데, 비록 미수에 그쳤어도 이에 가담한 이완용은 고종으로부터 다시 한 번 높은 평가를 받게 되었다.

고종 24년(1887) 7월 20일
이완용을 주차 미국 참찬관에 임명하다
전교하기를, "검교 대교(檢校待敎) 이완용을 주차 미국 참찬관(駐箚美國參贊官)으로 차하(差下)하고, 함께 나아가 공사의 일을 처리하도록 하라." 하였다.

　을미사변 직후 일본은 친일 개화파 내각을 복귀시키면서 을미개

혁을 추진했지만, 러시아가 사태에 적극 개입하면서 다시 물러났는데, 고종과 수구파 내각은 외교적 압력만으로 일제를 누른 러시아로 관심이 쏠렸고, 이어 주한 러시아공사 베베르와 함께 아관파천을 단행했다. 이 과정에서 이완용은 고종을 러시아 대사관으로 대피시킨 공로로 외부대신 겸 농상공부 대신의 벼슬을 얻었고 이후 친러파로 전향하였다.

아관파천으로 정국의 주도권을 잡은 러시아는 본격적으로 각종 이권을 요구하면서 사사건건 내정에 간섭했다. 이에 고종과 수구파 내각은 러시아로부터 벗어나기 위해 미국통이었던 외부대신(外部大臣) 이완용의 주장대로 미국 측에 각종 이권을 당근으로 제시하면서 새로운 줄을 대려고 시도했으나, 미국은 그저 자기 잇속 챙기기에만 열중할 뿐이었다. 따라서 이완용은 대미 협상 실패의 책임을 지고 내각에서 차츰 밀려나더니 지방의 한직으로 좌천된 뒤 징계를 받은 것도 모자라 파면까지 당했는데, 1901년 양부 이호준이 사망함에 따라 3년상을 치르기 위해 정계를 잠시 은퇴했었다. 이때까지만 하더라도 이완용은 매국노 소리를 들을 만한 일을 벌이지는 않았다.

고종 34년(1897) 9월 1일
이완용을 평안남도 관찰사에 임명하다
<u>학부대신</u>(學部大臣) 이완용을 평안남도 관찰사(平安南道觀察使)에 임용하고 칙임관(勅任官) 3등에 서임하였으며, 외부대신(外部大臣) 민종묵에게는 학부대신(學部大臣)의 사무를 임시로 서리(署理)하라고 명하였다.

고종 35년(1898) 3월 11일

이완용 등에게 관직을 제수하다

비서원 경(祕書院卿) 이완용을 전라북도 관찰사(全羅北道觀察使)에, 특진관(特進官) 김덕규를 비서원 경에, 정2품 김홍륙을 한성부 판윤(漢城府判尹)에 임용하고, 모두 칙임관(勅任官) 3등에 서임(敍任)하였다.

고종 36년(1899) 5월 11일

호적 장부 제출을 지연시킨 관찰사들에게 죄를 추궁하게 하다

내부대신(內部大臣) 이건하가 아뢰기를, … (중략) … 특히 심하게 지체시킨 전라북도 관찰사(全羅北道觀察使) 이완용, 경상북도 전 관찰사(慶尙北道前觀察使) 조한국은 모두 1개월 벌봉(罰俸)하고 … (후략)

고종 37년(1900) 7월 22일

백성들을 괴롭힌 이완용 등의 관찰사를 파면시키다

조령(詔令)을 내리기를, "… (중략) … 전라북도 관찰사(全羅北道觀察使) 이완용, … (중략) … 모두 우선 본관(本官)에서 파면시키고, 그들이 직책에 있을 때의 너절한 행위는 적발되는 대로 엄히 사판(査辦)할 것을 법부(法部)에 분부하라." 하였다.

러일전쟁 이후 친일 매국노로 거듭난 이완용

1904년 2월 이완용은 3년상을 치르고 정계에 복귀했는데, 자신

의 정치적 스승이자 보호자였던 양아버지를 대신해 수구파의 좌장 자리에 올랐다. 그런데 세상은 이미 러일전쟁에서 일본이 승기를 굳혀가던 시점이었다. 청나라에 이어 러시아까지 누르고 전면전에서 승리한 일본에 대해 대한제국의 조정은 경악을 금치 못했다. 당시로서는 다른 선택의 여지가 없었던 대한제국의 정치인들은 원래 친일 성향이었던 개화파나 일본을 경계하던 수구파 가릴 것 없이 거의 대부분이 친일파로 전향하면서 일제에 협조, 반민족행위를 저지르게 되었는데, 그중에 가장 앞장선 것이 바로 이완용이었다.

러시아와 전쟁을 일으킨 일본은 1904년 2월 한국을 그들의 세력권에 넣으려고 공수동맹(攻守同盟)을 전제로 하여 한일의정서를 체결한 후, 순차적으로 1904년 8월에는 내정개선(內政改善)이라는 구실 아래 고문정치(顧問政治)를 실시하기 위해 한국을 강압해서 '제1차 한일협약(한일 협정서)'을 체결했다. 하지만 일본은 여기서 만족하지 않고 곧 이어 다음 침략단계인 '제2차 한일협약(을사(보호)조약, 을사늑약)'의 공작에 들어갔다.

고종 41년(1904) 8월 22일
한일 협정서가 체결되다
〈한일 협정서(韓日協定書)〉가 이루어졌다. 〈협정서(協定書)〉
1. 대한(大韓) 정부는 대일본(大日本) 정부가 추천한 일본인 1명을 재정 고문(財政顧問)으로 삼아 대한 정부에 용빙(傭聘)하여 재무에 관한 사항은 일체 그의 의견을 물어서 시행해야 한다.
2. 대한 정부는 대일본 정부가 추천한 외국인 1명을 외교 고

문으로 삼아 외부(外部)에 용빙하여 외교에 관한 중요한 사무는 일체 그의 의견을 물어서 시행해야 한다.
3. 대한 정부는 외국과 조약을 체결하거나 기타 중요한 외교 안건 즉 외국인에 대한 특권 양여와 계약 등의 문제 처리에 대해서는 미리 대일본 정부와 상의해야 한다.
- 광무(光武) 8년 8월 22일 외부대신 서리(外部大臣署理) 윤치호
- 명치(明治) 37년 8월 22일 특명 전권공사(特命全權公使) 하야시 곤노스께

1905년 11월 이완용은 학부대신으로서 일본군 무력시위를 등에 업고 어전회의를 열어 고종을 핑계로 '제2차 한일협약(한일 협상조약, 을사(보호)조약, 을사늑약)'을 체결하여 을사오적의 수뇌로 불리게 된다. 이 과정에서 행위의 적극성으로 인해 이토 히로부미의 관심을 받게 되었고, 1905년 12월에는 이토 히로부미의 후원으로 의정대신(議政大臣)을 겸직하고, 1907년 초 대한제국 내각 최고위직이었던 의정부(議政府) 참정대신(정1품)에 올랐으며, 조선 근대화 작업을 위해 겸하고 있었던 농상공부 대신서리·광산사무국총재에 유임됐다. 또한 1907년 6월에는 일본과 본격적인 강제병합 준비를 위해 내각 체제가 개편됐는데 이완용은 개각 후에도 총리대신 직을 맡게 되었다.

고종 42년(1905) 11월 17일
한일 협상조약을 체결하다
한일 협상조약(韓日協商條約, 을사조약)이 체결되었다. 〈한일 협상조

약(韓日協商條約)〉

일본국 정부(日本國政府)와 한국 정부(韓國政府)는 두 제국(帝國)을 결합하는 이해공통주의(利害共通主義)를 공고히 하기 위하여 한국이 실지로 부강해졌다고 인정할 때까지 이 목적으로 아래에 열거한 조관(條款)을 약정한다.

제1조: 일본국 정부는 동경(東京)에 있는 외무성(外務省)을 통하여 금후 한국의 외국과의 관계 및 사무를 감리 지휘(監理指揮)할 수 있고 일본국의 외교대표자와 영사(領事)는 외국에 있는 한국의 신민 및 이익을 보호할 수 있다.

제2조: 일본국 정부는 한국과 타국 사이에 현존하는 조약의 실행을 완전히 하는 책임을 지며 한국 정부는 이후부터 일본국 정부의 중개를 거치지 않고 국제적 성질을 가진 어떠한 조약이나 약속을 하지 않을 것을 기약한다.

제3조: 일본국 정부는 그 대표자로서 한국 황제 폐하의 궐하(闕下)에 1명의 통감(統監)을 두되 통감은 오로지 외교에 관한 사항을 관리하기 위하여 경성(京城)에 주재하면서 직접 한국 황제 폐하를 궁중에 알현하는 권리를 가진다. … (후략) …

을사오적, 정미칠적, 경술국적 등 매국노 3관왕에 오른 이완용

곧이어 헤이그 특사 사건이 발생하자 총리대신 이완용은 송병준과 함께 이토가 사주한대로 고종에게 책임을 추궁하고 양위할 것을 강요하여 내각 회의에서 황제 퇴위를 결정했는데, 거부하는 고종을 협박해 대리청정의 답을 얻어낸 뒤 고종도 순종도 없는 자리에서 강제로 즉위식을 날치기로 진행시켜 버렸다.

고종 44년(1907) 7월 19일
황태자의 대리청정 진하는 권정례로 행하다
황태자의 대리청정(代理聽政)으로 인한 진하(陳賀)는 권정례(權停例: 임금 혹은 세자가 참석해야 할 의식에 참석하지 않고 권도(權道=임기응변)로서 의식만을 거행하는 것)로 행하였다. … (후략)

순종 즉위년(1907) 7월 19일
대리로 정사를 보았으며 이어 황제의 자리를 이어받다
명을 받들어 대리청정(代理聽政)하였다. 선위(禪位)하였다.

순종 즉위 직후인 1907년 7월 24일 이번에는 '한일 신협약'으로 불리는 정미7조약까지 이완용(李完用)과 이토 히로부미(伊藤博文)의 명의로 체결함으로써 일본이 한국을 병탄하기 위한 실질적인 마지막 조치가 완성되었다. 이 조약에서는 '내정까지 통감의 지배를 받는다.'라는 초안을 토씨 하나 수정하지 않고 통과시켰다. 이어 일주일 후에는 만일의 사태를 대비하기 위해 군대마저 해산해 버렸다.

순종 즉위년(1907) 7월 24일
한일협약이 체결되다
한일협약(韓日協約)이 체결되었다. 〈한일협약〉
일본국(日本國) 정부와 한국(韓國) 정부는 속히 한국의 부강을 도모하고 한국 국민의 행복을 증진시키려는 목적으로 이하의 조관(條款)을 약정한다.
제1조: 한국 정부는 시정(施政) 개선에 관하여 통감(統監)의 지도를 받을 것이다.
제2조: 한국 정부의 법령의 제정 및 중요한 행정상의 처분은 미리 통감의 승인을 거칠 것이다.
제3조: 한국의 사법 사무는 일반 행정 사무와 구별할 것이다.
제4조: 한국의 고등 관리(高等官吏)를 임명하고 해임시키는 것은 통감의 동의에 의하여 집행할 것이다.
제5조: 한국 정부는 통감이 추천한 일본 사람을 한국의 관리로 임명할 것이다.
제6조: 한국 정부는 통감의 동의가 없이 외국인을 초빙하여 고용하지 말 것이다.
제7조: 명치 37년 8월 22일에 조인한 한일협약 제1항을 폐지할 것이다.
이상을 증거하기 위하여 아래의 이름들은 각각 본국 정부에서 해당한 위임을 받아서 본협약에 이름을 적고 조인한다.
- 광무(光武) 11년 7월 24일 내각 총리대신(內閣總理大臣) 훈2등 이완용
- 명치(明治) 40년 7월 24일 통감(統監) 후작(侯爵) 이토 히로부미

순종 즉위년(1907) 7월 31일
조서를 내려 군대를 해산하다

정미7조약으로 한일병합의 틀이 거의 갖춰진 상태에서 이제 남은 수순은 몇 가지 잔불정리에 불과했다. 1909년 7월에는 기유각서를 통해 한국의 사법권(司法權) 및 감옥사무(監獄事務)의 처리권을 일본에 넘겼고, 1910년 6월에는 경찰권마저 피탈당한 뒤 1910년 8월 한일병합조약을 체결함으로써 518년의 조선왕조는 종지부를 찍었다.

순종 2년(1909) 7월 12일
사법 및 감옥 사무를 일본 정부에 위탁하는 약정서가 작성되다

순종 3년(1910) 6월 24일
경찰 사무를 위탁하는 한일 약정서가 작성되다

순종 3년(1910) 8월 22일
한일합병조약이 이루어지다

일한 병합조약(日韓倂合條約)이 체결되었다. 〈병합조약(倂合條約)〉 한국 황제 폐하(皇帝陛下) 및 일본국 황제 폐하(皇帝陛下)는 양국 간의 특별히 친밀한 관계를 고려하여 상호 행복을 증진하며 동양의 평화를 영구히 확보하기 위하여, 이 목적을 달성하려고 하면 한국을 일본국에 병합하는 것 만한 것이 없음을 확신하여 이에 양국 간에 병합조약을 체결하기로 결정한다. 이를 위하여 한국 황제 폐하는 내각 총리대신(內閣總理大臣) 이완용을, 일본 황제 폐하는 통감(統監) 자작(子爵) 데라우치 마사타케를 각각 그 전권위원(全權委員)에 임명한다. 위의 전권위원은 회동하

여 협의하여 다음의 여러 조항을 협정한다.

제1조: 한국 황제 폐하는 한국 전부(全部)에 관한 일체 통치권을 완전히 또 영구히 일본 황제 폐하에게 양여한다.

… (중략) …

제8조: 본조약은 한국 황제 폐하 및 일본국 황제 폐하의 재가를 경유한 것이니 반포일로부터 이를 시행한다.

이를 증거로 삼아 양 전권위원은 본조약에 기명(記名)하고 조인(調印)한다.

- 융희(隆熙) 4년 8월 22일 내각 총리대신(內閣總理大臣) 이완용
- 명치(明治) 43년 8월 22일 통감(統監) 자작(子爵) 데라우치 마사타케

중화전

왕궁보다
초라한 황궁

축소된 중화전 규모에서 읽을 수 있는 국운의 쇠퇴

중화전(中和殿 / 中: 가운데 중, 和: 화합할 화, 殿: 전각 전) 및 중화문(中和門)은 덕수궁의 정전(正殿=法殿)과 그 정문으로서 일괄해서 보물 제819호로 지정되어 있다. 건물이름 속에 정사 정(政) 자가 들어가는 모든 조선궁궐의 치조(治朝, 정치구역) 건물이 그러하듯 덕수궁도 예외는 아니어서, 정전 건물이름과 그 정문이름은 동일하다. [경복궁근정전과 근정문. 경복궁사정전과 사정문. 창덕궁인정전과 인정문. 창덕궁선정전과 선정문. 창경궁명정전과 명정문. 창경궁문정전과 문정문. 경희궁숭정전과 숭정문. 경희궁자정전과 자정문]

덕수궁 실록으로 읽다
치조 일원 I 정전

중화문에서 본 중화전

중화전

경복궁 근정문에서 본 근정전

창덕궁 선정문과 선정전

덕수궁 실록으로 읽다
치조 일원 I 정전

경희궁 숭정문에서 본 숭정전

창경궁 명정문과 명정전

중화전 2층, 화재 전 사진 - 국립고궁박물관

　먼저 건축적으로 살펴보면 중화전은 정면 5칸 측면 4칸의 단층 다포계 팔작지붕 건물이며, 중화문은 정면 3칸 측면 2칸의 5량(도리가 5개) 가구식 단층 다포계 팔작지붕 건물이다. 지금은 두 건물 모두 단층이지만 원래 창건 당시 중화전은 2층 건물이었다. 즉 1902년 창건 당시에는 2층이었으나 1904년 덕수궁 내 대화재로 모두 소실되어 1906년에 중건될 때 단층으로 만들어졌다. 건물의 규모가 줄어들었다는 것은 결국 국가의 재정상태가 악화되었음을 반증하는 것이며, 따라서 궁궐이 드러내는 위엄도 줄어들 수밖에 없는 것이다. 그런데 1902년 중화전과 중화문의 창건 당시 실록기사를 보면 좀 이상한 내용이 들어있다. 중화전을 새로 만드는데 '이전 중화전'을 언급하고 있는 것이다.

준명당, 즉조당

고종 39년(1902) 5월 12일
법전 이름을 중화전이라 하고 이전 중화전은 다시 즉조당으로
부르도록 하다
조령을 내리기를, "이제 법전(法殿)을 지으면 전호(殿號)를 중화
전(中和殿)이라 하고, 이전 중화전(中和殿)은 도로 즉조당(卽阼堂)이
라 부르라." 하였다.

덕수궁은 1902년에 처음 만들어진 궁궐이 아니다. 선조와 광해
군 이후 임진왜란으로 인해 파괴되었던 다른 궁궐들이 정상적으로
재건되기까지는 임금의 주 거처로 활용되었고, 그 이후로도 지속적
으로 보조 궁궐로서의 역할을 해 왔다. 하지만 그 시초가 월산대군

의 사저에서 출발한 한계 때문에 궁궐이 처음부터 계획적으로 만들어진 것이 아니라 그때그때 필요에 의해서 확장되다보니 궁궐의 체계나 전각의 배치가 어수선했다. 따라서 유교문화권 궁궐이 형식상 갖추는 기본구조인 3문3조[제후의 궁궐]니 또는 5문3조[황제의 궁궐]니 하는 원칙도 제대로 반영되지 못했다.

그 때문에 궁궐 내 으뜸 전각인 정전(正殿) 건물도 다른 궁궐들처럼 위풍당당한 중층 건물로 짓지 못하고 기존의 즉조당(即阼堂)이라는 작은 건물을 임시변통으로 정전의 역할을 하도록 건물의 현판만 바꿔 중화전(中和殿)이라 했다가, 새롭게 중화전이 만들어지자 원래 이름인 즉조당으로 되돌린 것이다.

그럼 덕수궁의 정전 이름인 중화(中和)는 어떤 뜻을 담고 있을까?

중화전 현판

덕수궁을 제외한 다른 조선궁궐들의 정전 이름은 모두 치조(治朝)를 대표하기 때문에 정사 정(政) 자를 품고 있다. 경복궁근정전은 임금이 근면하게[勤] 정치(政)를 하라는 뜻이고, 창덕궁인정전은 어질게[仁] 정치(政)를 하라는 뜻이고, 창경궁 명정전은 밝은[明] 정치(政)를 하라는 뜻이고, 경희궁숭정전은 존숭 받는[崇] 정치(政)를 하라는 뜻이다. 하지만 덕수궁중화전은 치조(治朝)를 대표하는 정전 건물임에도 불구하고 정사 정(政) 자를 쓰지 않고 중화(中和)라고 했다. 그렇다면 중화가 담고 있는 뜻은 무엇일까? 중화의 출처는 중용이다.

임금된 자가 힘써야 할 덕목, 중화

조선의 건국이념이자 주희(주자)가 집대성한 성리학에서는 유교경전 중에서도 특히 사서(四書)를 중요시한다. 사서는 대학, 논어, 맹자, 중용이다. 조선시대 성균관에 입학한 유생들은 가장 먼저 대학을 1개월간 학습하고, 논어와 맹자를 각각 4개월씩 공부한 뒤, 중용을 2개월에 걸쳐 학습함으로써 사서(四書) 과정을 종료하고 오경과정으로 넘어갔는데, 중용은 사서 과정의 절정이라 할 수 있다.

중용에서 중(中)은 지나치거나 모자람이 없는 것을 일컫고, 용(庸)은 일정해서 변하지 아니하는 것을 뜻하는데, 영어로는 Constant Mean으로 표현된다. 특히 중용 제1장은 중용 전체를 대표하는 구절이 담겨있는데 바로 그 제1장의 가장 후반부에 중화(中和)가 등장한다.

喜怒哀樂之未發 謂之中 (희노애락지미발)을 (위지중)이요
희로애락이 나타나지 않은 것 이것을 '중(中)'이라 하고

發而皆中節 謂之和 (발이개중절)을 (위지화)니

나타나서 모두 절도에 맞은 것 이것을 '화(和)'라고 하니

中也者 天下之大本也 (중야자)는 (천하지대본야)요

'중(中)'이라는 것은 천하의 큰 근본이고

和也者 天下之達道也 (화야자)는 (천하지달도야)니라

'화(和)'라고 하는 것은 천하가 도(道)에 달한 것이다.

致中和 天地位焉 (치중화)면 (천지위언)하며

'중화(中和)'에 이르면 천지가 (제대로) 자리를 잡고

萬物育焉 (만물육언)이니라

만물이 (제대로) 자라나는 것이다.

이 대목은 역대 임금을 대상으로 경연을 할 때 매우 자주 언급이 되었음을 실록기사 여기저기서 찾아볼 수 있다.

명종 2년(1547) 4월 7일

조강에 나가자 지경연사 임권이 인륜의 변고에 대해 아뢰다

상이 조강에 나아갔다. 지경연사 임권이 아뢰었다. "<u>임금된 자가 중화(中和)의 덕(德)을 힘써서, 천지(天地)로 하여금 제 위치에 있게 하고 만물로 하여금 생육(生育)할 수 있게 하는 것이 바로 치국(治國)의 급무(急務)</u>입니다. 지금 들으니, 전라도에 자식이 아비를 살해한 자가 있고, 또 도성에서도 어린 아기를 다리 밑에 버린 자가 있다고 합니다. 이는 더할 수 없이 큰 변고입니다. 대저 사람은 오상(五常)의 덕(德)을 받고 태어나서

만물의 영장이 되어 자애(慈愛)의 천성이 일찍이 다 없어지지 않았는데, 인륜의 변고가 이렇게 극도에까지 이르렀으니, 이것은 놀랄 만한 일입니다."

당사자 없이 치러진 중화전 양위의식

그런데 1907년 7월 19일자 고종실록에는 중화전에서 상식적으로 납득할 수 없는 일들이 연속해서 벌어졌다. 고종이 중화전에서 황태자(순종)의 대리청정 의식을 거행할 것을 명령했는데 그 행사는 이상하게도 고종과 순종이 모두 참석하지 않는 권정례(權停例: 임금 혹은 세자가 참석해야 할 의식에 참석하지 않고 권도(權道=임기응변)로서 의식만을 거행하는 것)로 치르라는 명령이었다. 대리청정이란 섭정과 비슷한 개념으로, 왕세자(혹은 왕세제, 왕세손)가 왕을 대신하여 국무를 맡는 것을 말하는데, 그 중요한 행사를 당사자인 황제(국왕)와 황태자(왕세자)가 없는 상태에서 치르라는 말도 안 되는 명령을 내린 것이다.

고종 44년(1907) 7월 19일
황태자의 대리청정 의식을 거행할 것을 명하다
장례원 경(掌禮院卿) 박용대가 아뢰기를, "태자가 정사를 대리할 길일(吉日)은 언제쯤으로 잡을까요?" 하니, 비준하기를, "오늘 거행하라." 하였다. 또 아뢰기를, "황태자가 정사를 대리하는 일로 인하여 원구(圜丘), 종묘(宗廟), 영녕전(永寧殿), 경효전(景孝殿), 사직(社稷)에 고유제(告由祭)를 오늘 설행하되 축문은 시독(侍讀)으로 하여금 지어내게 하고, 조서(詔書)의 반포는 즉시 거행하는 것이 어떻겠습니까?" 하니, 윤허하였다. 또 아뢰기를, "황태자가 정사를 대리하게 된 것을 진하(陳賀)하는 의식을 규례대로 중화전(中和殿)에 친림하는 것으로 마련하고, 황태자가 예를 행하는 의절도 규례대로 마련하는 것이 어떻겠습니까?" 하니, 제칙(制勅)을 내리기를, "권정례(權停例)로 하라."

또한 대리청정 명령이 떨어지자마자 바로 당일 대리청정 의식이 행해졌는데, 이것도 상식적으로 납득이 안 가는 대목이다. 대리청정은 원칙적으로는 왕의 건강이 위중해서 업무를 제대로 볼 수 없는 경우에 실시하면서, 아울러 후계자에 대한 실무성격의 제왕교육을 통해 왕위승계의 정당성을 주기 위함이 목적이었다. 그러나 현실에서는 대리청정을 현재의 국왕이 후계자의 역량을 확인하거나 또는 꽉 막힌 정치국면을 전환시키는 방법 등으로도 자주 활용되었다. 그런 이유 때문에 대리청정을 수행하는 후계자의 입장에서는 항상 긴장의 연속이었다. 따라서 대리청정의 명이 떨어지면, 받아들이는 입장에서는 대리청정의 목적이 진짜 왕위승계 교육을 위함인지 또는 충성심을 시험하기 위함인지를 모르기 때문에, 일단 무조건 석고대죄를 하며 어명을 거둬줄 것을 주청했다. 이날 황태자(순종)도 예외는 아니어서 두 번씩이나 상소문을 올려 대리청정의 명을 거둘 것을 요청했으나 곧바로 시행에 들어간 것이다.

고종 44년(1907) 7월 19일
황태자가 두 번이나 상소문을 올려

대리청정에 대한 명령을 취소할 것을 아뢰다

고종 44년(1907) 7월 19일
황태자의 대리청정 진하는 권정례로 행하다
황태자의 대리청정(代理聽政)으로 인한 진하(陳賀)는 권정례(權停例, 임금 혹은 세자가 참석해야 할 의식에 참석하지 않고 권도(權道=임기응변)로서 의식만을 거행하는 것)로 행하였다. … (후략)

더 이상한 것은 7월 19일자 기사를 마지막으로 해서 고종실록은 끝이 나고 이어, 같은 날짜에 순종실록이 시작된다는 점이다. 대리청정은 업무만 대리로 맡긴 것뿐이지 왕위(황위)를 넘긴 것은 아니다. 따라서 고종실록이 끝날 하등의 이유가 없다. 만약 고종실록이 끝나려면 고종이 왕위(황위)를 넘겼다는 기사가 분명히 있어야 정상인 것이다. 그런데 설상가상으로 7월 19일자 순종실록의 첫 기사에서는 "명을 받들어 대리청정을 하였다."라는 말 뒤에 뜬금없이 "선위(禪位)하였다."라는 말이 붙어있다. 이것은 또 무슨 상황인가? 이 모든 상황을 명쾌하게 설명해주는 열쇠가 바로 이토 히로부미와 이완용이다.

순종 즉위년(1907) 7월 19일
대리로 정사를 보았으며 이어 황제의 자리를 이어받다
명을 받들어 대리청정(代理聽政)하였다. 선위(禪位)하였다.

고종 양위 사건의 자초지종

1907년 7월 일본 외무성으로부터 이토 히로부미 앞으로 날아온 한 장의 전문으로 인해 고종이 네덜란드 헤이그에 밀사를 보낸 것이 발각되었고, 한국정부에 대한 감독을 소홀히 한 책임에서 자유롭지 못한 이토는 일시 궁지에 몰렸으나 오히려 이 기회를 전화위복으로 삼으려고 작정하고, 총리대신 이완용을 불러 을사조약(을사늑약) 위반 및 선전포고 운운하면서 협박을 했다. 이에 이완용과 송병준은 한술 더 떠 고종에게 퇴위를 강요하기에 이르렀다. 이토 히로부미의 지시를 받은 이완용 내각은 내각회의 및 어전회의를 잇달아 열고 여기에서 이완용은 고종에게 황태자(순종)의 대리청정을 진언하였다. 고종은 처음에는 대리청정을 거부하였으나 송병준이 자결하라고까지 협박을 하는 통에 하는 수 없이 대리청정을 수용한 것이다.

•• 뱀의 발

구한말 우암 송시열의 제9대손 중에는 세상에 널리 알려진 유명한 사람이 두 사람 있다.

한 사람은 일제의 강요에 의한 을사늑약의 파기와 을사오적의 처단을 주장하면서 스스로 음독자결해서, 순국하신 연재(淵齋) 송병선(宋秉璿, 1836~1905) 선생이고, 또 한 사람은 정미칠적에 속하면서 창씨개명의 제1호이고, 일진회를 통해 한일합방에 적극 가담해서 이완용과 함께 매국노의 대명사가 된 송병준(宋秉畯, 1857~1925)이다. 그럼 송병준은 왜 친일매국노가 되었을까? 우선 송병준은 어머니의 신분이 기생이었기 때문에 태생적으로 적자가 아닌 서얼이었다. 따라서 서얼출신에 대한 조선사회의 노골적인 차별에 대한 반감이 항상 깔려 있었고, 또한 자신이 추종하던 갑신정변의 주역 김옥균이 암살되자 암살범 홍종우를 보낸 고종황제와 조선조정에 완전히 등을 돌리게 되었다. 그리고는 정부의 체포령을 피해 일본으로 은신한 뒤 숨어 지내다가 러일전쟁 이후 일본군 통역관으로 조선으로 돌아와서 악랄한 친일파로 활동하였다.

따라서 급작스럽게 대리청정 조칙이 내려졌고, 7월 19일 곧바로 황제 대리의식을 거행하려고 하였으나, 의식을 집행해야 할 궁내부대신 박영효가 이에 반발해 병을 핑계로 대궐에 나타나지 않았기 때문에 식을 치룰 수가 없게 되는 돌발상황이 발생했다. 이에 이완용은 자신이 스스로 궁내부대신 임시서리가 되어 황제 대리의식을 강행했다. 억지로 진행하는 대리청정 의식에 고종과 순종은 모두 참가하지 않아 소극적으로나마 부당함을 표했다. 궁내부대신 박영효는 태형 80대에 처해졌다.

고종 44년(1907) 7월 18일
이완용에게 임시로 궁내부대신의 사무를 서리하라고 명하다
중추원 고문(中樞院顧問) 박제순에게 임시로 궁내부대신(宮內府大臣)의 사무를 서리(署理)하라고 명하였다가 곧바로 서리를 해임하였다. 내각 총리대신(內閣總理大臣) 이완용에게 임시로 궁내부대신의 사무를 서리하라고 명하였다. 특진관(特進官) 박용대를 장례원 경(掌禮院卿)에 임용하고 칙임관(勅任官) 1등에 서임(敍任)하였다.

순종 즉위년(1907) 8월 22일
조중응이 죄인 박영효, 이도재, 남정철의 처벌에 관하여 아뢰다

법부대신(法部大臣) 조중응이 아뢰기를,

"평리원 재판장(平理院裁判長) 조민희의 보고서를 받아보니, '피고 박영효, 이도재, 남정철의 죄안을 심리한 결과 피고들은 모두 궁부(宮府)의 중임을 띠고서 황태자(皇太子)가 정사를 대리함을 진하(陳賀)하는 예식을 거행할 때 들어와 참가하지 않고 혹은 병을 핑계대기도 하고 혹은 통지를 받지 못하였다는 등의 말들로 공술하였습니다. 더없이 중대한 예식을 태연히 회피하였으니 처벌을 면하기 어렵습니다. 피고들은 모두 《형법대전(刑法大全)》 제226조의 관리들이 임명받았거나 재임 기간에 일을 당하여 사고로 핑계대거나 병이 있다고 핑계하고 회피하는 자는 중한 법조문에 의하여 각각 태형(笞刑) 80대에 처한다는 율문을 적용할 것입니다.' 하였습니다. 평리원에서 원래 제기한 법조문에 의거하여 처리하는 것이 어떻겠습니까?" 하니, 윤허하였다.

7월 19일의 대리청정 의식을 두고 논란이 발생했다. 고종은 양위식이라는 말은 한마디도 하지 않았고, 대리청정을 선언했을 뿐이며, 순종은 약 40일 후인 8월 27일에 가서야 즉위식을 했기 때문이었다.

순종 즉위년(1907) 8월 27일
황제의 즉위식을 진행하고 대사령을 반포하다

일본 측에서조차 대리청정 의식이 심지어 권정례로 치러졌는데 이를 양위로 인정할 수 있느냐는 의문이 많았는데, 이완용은 이런 모순적인 상황을 모두 깡그리 무시하고 양위식으로 결론내고 강행처리했다.

순종 즉위년(1907) 7월 21일
이완용, 조중응이 직책을 회피한 박영효, 이도재, 남정철 등을 탄핵하다
내각 총리대신(內閣總理大臣) 이완용과 법부대신(法部大臣) 조중응이 아뢰기를, "이번에 왕위를 주고받은 예전(禮典)은 바로 대성인(大聖人)의 정일(精一)한 심법(心法)에 말미암은 것이니 종묘사직이 억만년토록 공고하게 될 기초가 여기에 있으므로 대소 신민들이 경사롭게 여기면서 기뻐하지 않는 사람이 없습니다.
… (후략)

공공의 적이 된 이완용

이 소식이 알려지자 민심은 흉흉해졌고 고종 양위에는 이토 히로부미, 송병준 등의 개입이 있었음에도 처음 순종의 황제 대리청정 논의와 고종 양위 주장을 강행한 이완용에게만 모든 비난의 화살이 집중되었다. 성난 백성들은 이완용의 집으로 몰려가 불을 질렀고 친일 대신들은 집에 들어가지 못할 정도라고 당시 대한매일신보와 황성신문은 보도했다.

순종 즉위년(1907) 7월 22일
임선준이 한성 부윤 박의병을 해임하도록 아뢰다

내부대신(內部大臣) 임선준이 아뢰기를, "한성 부윤(漢城府尹) 박의병은 지방 장관으로서 도성 안의 민심이 동요하고 온 나라 사람들이 서로 죽이고 해치며, <u>심지어는 대신에게 돌을 던지고 집을 불살라버리는 일이 날마다 발생하는데도</u> 효유하거나 진정시킬 것을 생각하지 않고 예사롭게 보아 넘겼으니, 사체로 볼 때 참으로 더없이 놀랍고 한탄스럽습니다. 본관을 해임시키는 것이 어떻겠습니까?" 하니, 윤허하였다.

순종의 황제 대리의식이 있던 바로 그날, 이완용의 집은 완전히 불에 타서 사람만 빠져나왔다. 이 화재로 이완용은 전 재산을 잃었는데 심지어 조상들의 신주까지 몽땅 불에 타버렸다. 아무튼 이 고종 양위사건을 계기로 이완용은 완전히 매국노의 대명사로서 민중들의 저주 대상이 되고 말았다.

한편, 이완용은 1909년 벨기에 황제 추도식에 참가하러 명동성당에 갔을 때 기다리고 있던 이재명의 칼에 찔렸다. 그러나 우연히 인력거꾼 박원문이 그의 앞에 끼어드는 바람에 목숨을 건졌는데 박원문이 대신 큰 부상을 입은 뒤 사망했다. 이재명은 그 자리에서 재차 이완용을 공격했지만 부상만 입힌 채 체포되었다. 이때 이완용은 어깨, 허리, 복부 등 세 곳을 칼로 찔리는 큰 부상을 당했고, 왼쪽 폐를 찔려 관통당하는 치명상을 입었다. 이때의 상처는 만년에 이완용이 해수병으로 고생하다 끝내 천식과 폐렴으로 사망하는 원인이 되었다.

순종 2년(1909) 12월 22일

이완용이 이재명으로부터 칼에 찔리다

내각 총리대신(內閣總理大臣) 이완용이 칼에 찔려 중상을 입어 대한 의원(大韓醫院)에서 치료를 받았다.〔이날 이완용 총리대신(總理大臣)이 종현(鍾峴) 천주교당에서 벨기에 황제 레오폴드[Léopold] 제2세 추도회에 참석하고 돌아오던 길에 해를 입었다. 범인 이재명은 평양(平壤) 사람으로 그 후 명치(明治) 43년 5월 18일 경성(京城) 지방 재판소에서 '모살미수(謀殺未遂) 및 고살인(故殺人)' 율문(律文)을 적용하여 교수형으로 처결하고 9월 13일에 집행하였다.〕

치조 일원 II
편전들

준명당

덕혜옹주의 유치원이 된 편전

밝을 명(明)에 날 일(日)이 아닌 눈 목(目) 자가 들어간 이유

준명당(浚眀堂 / 浚: 깊게할 준, 眀: 밝을 명, 堂: 집 당)은 정전인 중화전 뒷줄에 자리하고 있는 네 채의 편전 건물들[준명당, 즉조당, 석어당, 덕홍전] 중의 하나다. 덕수궁의 출발이 정릉동 행궁에서 시작하여 필요시마다 그때그때 확충을 한 탓에 궁궐의 체계가 제대로 갖추어지지 않아서 다른 궁궐들처럼 외조, 치조, 연조로 궁역을 나누는 것이 큰 의미는 없다고 볼 수 있다. 그래도 이들 네 전각들은 정전인 중화전의 주변에 위치하면서 정치적인 역할을 담당했던 기록이 실록 여기저기에서 많이

준명당과 즉조당

보이기 때문에 일단은 편전 건물로 분류하는 것이 합당할 듯하다.

  준명당은 즉조당과 좌우로 2칸짜리 복도각으로 연결되어 마치 좌우대칭인 것처럼 보이지만 자세히 보면 약간 차이가 있다. 왼쪽에 자리 잡은 준명당은 정면이 6칸인 반면, 오른쪽의 즉조당은 정면 7칸이다. 준명당의 글자 중에서 준(浚)은 일반적으로 준설(浚渫)이라는 말처럼 하천이나 해안의 바닥에 쌓인 흙이나 암석을 파헤쳐 바닥을 깊게 하는 일을 뜻한다. 그러나 '다스리다(제어하다, 통제하다)'는 뜻으로도 쓰이는데 그럴 때 '준명'은 '다스려 밝힌다' 또는 '밝게 다스린다'로 해석이 가능하며, 창경궁의 명정전과도 의미가 상통한다고 볼 수 있다. '준명'의 출처는 서경(書經) 우서(虞書) 고요모(皐陶謨) 편이다.

서경(書經) 우서(虞書) 고요모(皋陶謨) 4

日宣三德 夙夜 浚明 有家 (일선삼덕 숙야 준명 유가)

날마다 세 가지 덕을 펴서 밤낮으로 크게 다스려 밝히면 가문을 경영할 수 있고

When there is a daily display of three (of these) virtues, their possessor could early and late regulate and brighten the clan (of which he was made chief)

日嚴祗敬六德 亮采 有邦 (일엄지경육덕 양채 유방)

날마다 엄숙하게 여섯 가지 덕을 경건하게 실천하여 밝게 다스리면 나라를 경영할 수 있다.

When there is a daily severe and reverent cultivation of six of them, their possessor could brilliantly conduct the affairs of the state (with which he was invested)

또한 가운데의 명(眀) 자는 자세히 보면 일반적인 밝을 명(明) 자가 아니라 왼쪽의 날 일(日) 자를 눈 목(目) 자로 바꾼 글자다. 그래도 '밝다'라는 뜻에는 변함이 없는데 '준명'이라는 글자로 종합해서 해석해 보면 그냥 밝게 다스리라는 것이 아니라, 눈으로 직접 꼼꼼하게 백성들을 보살피라는 뜻을 더 첨가할 수 있다. 뜻글자인 한자가 주는 작은 재미라고 볼 수 있겠다. 그런데 실록에서 준명당(浚眀堂)을 검색하면 단 하나의 기사만이 뜬다.

순종 9년(1916) 5월 8일
태왕 전하가 준명당에 가서 유치원 학도를

소견하고 필묵을 하사하다

태왕 전하가 준명당(浚明堂)에 임어(臨御)하여 유치원의 학도를 소견하고 필묵을 하사하였다.

준명전에서 준명당으로 이름이 바뀐 이유

하지만 준명전(浚明殿)으로 실록을 검색하면 다수의 기사가 뜬다. 이는 처음 지어질 당시에는 준명전(浚明殿)이었으나 마지막으로 준명전(浚明殿) 기사가 나오는 1907년 이후부터 처음으로 준명당(浚明堂) 기사가 나오는 1916년 사이에 전각의 이름이 바뀐 것으로 이해할 수 있다. 전각이름이 바뀐 이유를 설명하는 자료가 아직 발견되지 않았지만 합리적인 선에서 추론을 해 본다면, 원래 편전으로 사용될 때는 왕이 건물의 주인이어서 준명전이었으나, 1916년 준명전의 용도를 편전에서 유치원으로 바꾸면서 왕과 왕비의 전각에만 쓰는 전(殿)급 이름을 사용하지 못해 바꾼 듯하다.

고종 41년(1904) 4월 14일
… "흠문각의 황제 어진과 황태자 화상을 준명전(濬明殿)에 이봉(移奉)하라." 하였다.

고종 43년(1906) 9월 13일
준명전에 나아가 황태자가 시좌(侍座)한 상태에서 각 국 영사(領事)를 접견하였다.

고종 43년(1906) 11월 19일
준명전에 나아가 황태자가 시좌(侍座)한 상태에서 통감 후작 이토 히로부미를 접견하였다.

고종 44년(1907) 1월 1일
준명전에 나아가 황태자가 시좌(侍座)한 상태에서 각 국 영사(領事)를 접견하였다.

고종 44년(1907) 6월 28일
준명전에 나아가 통감 후작 이토 히로부미와 하야시 곤노스께를 접견하였다.

순종 즉위년(1907) 7월 27일
준명전에 나아가 통감 이토 히로부미와 일본국 외무대신 하야시 다다를 접견하였다.

순종 즉위년(1907) 9월 9일
태황제를 배봉(陪奉)하고 준명전에 나아가 친히 치사(致詞)를 올리고 하례 하였다.

그런데 고종(태왕 전하)은 무엇 때문에 임금의 편전이던 준명전을 뜬금없이 유치원으로 만들었을까? 이와 관련된 실록기사가 하나 더 있다.

순종 9년(1916) 4월 1일
덕수궁 안에 유치원을 설치하여 복녕당 아기씨를 교육할 것을 명하다
덕수궁(德壽宮) 안에 유치원을 설치하여 복녕당(福寧堂)의 아기씨〔阿只氏〕를 교육할 것을 명하였다. 이어 교구치 사다코와 장옥식을 보모(保姆)로 촉탁하였다.

실록기사 속 복녕당 아기씨는 바로 덕혜옹주(德惠翁主, 1912.5.25. ~ 1989.4.21.)를 가리킨다. 덕혜옹주는 60세의 고종이 귀인 양 씨에게서 얻은 고명딸로서 1921년 순종황제로부터 덕혜라는 호를 하사받기 전까지는 '복녕당 아기씨'로만 불렸고, 다른 이름이 있었다는 기록은 없다.

순종 14년(1921) 5월 4일
복녕당 아기에게 덕혜라는 이름을 내려주다
복녕당 아기(福寧堂阿只)〔덕수궁(德壽宮) 양 귀인(梁貴人)이 낳은 왕녀(王女)이다.〕에게 덕혜(德惠)라는 호를 하사하였다.

고종의 자녀 13명 중 겨우 4명만이 성인이 되었다

고종이 명성황후 민 씨로부터 얻은 4남 1녀의 적자녀 중에서 돌이 지나서까지 살아남은 경우는 순종이 유일했다. 또한 7명의 후궁들로부터도 총 5남 3녀의 서자녀를 얻었는데, 그중에서 성인이 될 때까지 생존한 경우는 귀인 장 씨로부터 얻은 '의친왕(1877~1955)', 귀비 엄 씨로부터 얻은 '영친왕(1897~1970)', 귀인 양 씨로부터 얻은 '덕

대한제국 황실 가족 사진 - 국립고궁박물관

위에서 부터 고종-순종, 순정효황후-영친왕, 영친왕비

혜옹주(1912~1989)'뿐이었다.

순종 12년(1919) 3월 4일
고종황제의 행장

(전략) … 명성 황후에게서 4남 1녀가 탄생하였는데, 전하(殿下=순종)의 서열은 두 번째이다. 그리고 나머지는 모두 일찍 돌아가셨다. 완왕(完王=완친왕) 이선(李墡)은 귀인 이 씨(貴人李氏)에게서 태어났는데 결혼 전에 돌아가셨다. 1녀(女)는 요절하였다. 의왕(義王=의친왕) 이강(李堈)은 귀인(貴人) 장 씨(張氏)에게서 태어났다. 1녀(女)가 이 씨(李氏)에게서 태어났으나 요절하였다. 귀비 엄 씨(貴人嚴氏)는 1남을 낳았으니, 즉 동궁 전하(東宮殿下=영친왕)이다. 양 씨(梁氏)가 1녀[덕혜옹주]를 낳았는데 어리고 또 2남을 낳았다. … (후략)

뱀의 발

의친왕의 열 번째 아들인 이석(李錫, 1941~)은 '비둘기집[비둘기처럼 다정한 사람들이라면, 장미꽃 넝쿨 우거진 그런 집을 지어요. …]'이라는 건전가요로 유명한 가수다. 대한제국 몰락 뒤 황실의 모든 재산이 국유화되었고, 이 때문에 생활고를 견디다 못해 가수로 활동을 했다. 미국으로 이민을 갔다가 1989년에 다시 돌아왔는데 현재 전주시 한옥마을의 촌장으로 활동하며 조선왕조 설립 이전 전주 이 씨의 사저인 승광재(承光齋)에 거주하면서 관광객들에게 안내하는 역할을 하고 있다.

생존해 있는 고종의 손자 중에서는 유일하게 국내에 거주하고 있는 인물이기 때문에 일부 언론에서는 그를 '마지막 황손'으로 소개한 경우가 있는데 이는 잘못되었다. 순종황제는 자신의 적통으로 의친왕이 아닌 영친왕(영왕)을 황태자로 정했으며, 영친왕은 이방자 여사와의 사이에서 이구(李玖, 1931~2005)를 얻었으니 이구가 마지막 황태손이다. 하지만 이구는 부인 '줄리아 멀록'과의 사이에서 아이를 낳지 못함으로써 대한제국의 대(영친왕계)는 단절되었다. 한편 의친왕계에서 황손인 이갑(李鉀, 이석의 이복형)은 자신의 장남 이원(李源, 별칭 이상협)을 이구의 양자로 입적시켰으나 이구의 사후에 입적한 것이어서 민법상 효력은 없다. 하지만 전주 이 씨 대동종약원에서는 이원을 황사손(皇嗣孫) 또는 봉사손(奉祀孫)으로 인정하여 종묘대제 등 5대 제향의 초헌관을 맡기고 있다.

회갑을 앞둔 나이에 얻은 고명딸이기에 고종은 덕혜옹주를 끔찍이도 아꼈다. 고종은 어린 덕혜를 위해 변복동 여사를 유모상궁으로 두었는데, 덕혜가 보고 싶어 찾아갈 때에도 유모가 어린 덕혜에게 젖을 물리고 있을 때면 덕혜가 놀라거나 울까봐 임금 앞에서도 유모가 일어나지 못하게 하였다. 때문에 '천하의 주상 전하 앞에 누울 수 있는 것은 변 유모 뿐'이라는 말이 돌 정도였다.

순종 19년(1926) 6월 11일

순종황제의 행장

(전략) … 덕혜옹주(德惠翁主)는 부황(父皇)의 만년에 태어나니 특별히 귀여워하여 길렀다. … (후략)

준명당 난간의 흔적

고종은 덕혜옹주를 위하여 덕수궁 안에 유치원을 설치하도록 명하였는데 그 유치원이 바로 준명당에 설치되었다. 그 때문에 지금도 준명당의 기단 끝부분에는 어린 덕혜를 위해 난간을 설치했던 흔적이 그대로 남아있다. 이 유치원에서 덕혜옹주는 귀족의 딸들 중 또래 7~8명과 함께 교육을 받았다. 한편 고종은 덕혜옹주가 영친왕처럼 볼모로 일본에 보내지거나 일본인과 정략결혼을 하게 될 것을 염려하여 시종 김황진의 조카 김장한과 비밀리에 약혼을 계획하였지만 일본의 방해로 실패하였다.

강제로 일본에 끌려가서 정략결혼까지 당한 덕혜

그러던 중 1919년 고종이 승하했는데 덕혜옹주는 그 후에도 덕수궁에 머물다가 고종의 혼전이 창덕궁으로 옮겨지자 1920년 3월 모친인 양귀인과 함께 창덕궁으로 거처를 옮겼고, 4월부터는 소학교에 다니기 시작했다. 하지만 당시 대한제국 황족들이 대개 일본으로 끌려가 사실상 인질이 되었던 것과 마찬가지로, 덕혜옹주 역시 16세가 되던 1925년에 유학이라는 미명하에 강제로 일본에 끌려가서 일본 황족과 귀족의 딸들이 다니는 학교인 '여자 가쿠슈인(女子學

習院)'에 편입학 되었다.

순종 15년(1922) 3월 30일
덕혜옹주의 학우인 한고남, 민용아에게 장학금을 하사하다
특별히 일출학교(日出學校) 생도(生徒) 한고남, 민용아에게 장학금으로 각각 100원씩 하사하였다. 덕혜옹주(德惠翁主)의 학우(學友)이기 때문이다.

순종 16년(1923) 3월 30일
덕혜옹주가 다니는 심상소학교 교장과 담임에게 선물을 내리다
덕혜옹주(德惠翁主)가 심상소학교(尋常小學校)의 수업에 날마다 출석하므로 해당 교장 및 담임교사에게 상품을 하사하였다.

순종 18년(1925) 3월 24일
덕혜옹주에게 동경에 유학하도록 명령하다
덕혜옹주(德惠翁主)에게 도쿄(東京)에서 유학하도록 명하였다.

아버지 고종의 사망원인이 명확하지 않은 상태에서 7년 후인 1926년에는 순종이 승하하고 1929년에는 모친 귀인 양 씨까지 사망하였다. 덕혜옹주는 일본사회 속에서 심리적으로 고립감, 소외감을 느끼고 있었고, 막연하게나마 죽음에 대한 공포가 있었던 상황에서 심리적인 충격이 꽤 컸던 모양이었다. 게다가 모친의 장례 때는 생모 귀인 양 씨가 황족 명단에 오르지 못한 관계로, 황족인 덕혜옹

주는 공식적으로는 남남의 관계가 되었기 때문에 상복조차 입을 수가 없었다. 이런 원인들이 복합적으로 작용하여 1930년부터는 신경쇠약 증세가 심해지면서 등교를 거부하더니 결국 조현병이라는 정신질환 진단을 받았다.

순종 19년(1926) 4월 8일
왕세자 부부와 덕혜옹주가 창덕궁의 환후가 심하다는 것을 전달받고 돌아오다
왕세자(王世子)는 창덕궁(昌德宮=순종)의 환후(患候)가 극심하다는 것을 전달받고 구주(歐洲) 유람(遊覽)을 정지하고 왕세자비(王世子妃) 및 덕혜옹주(德惠翁主)와 함께 돌아와 문후(問候)를 아뢰었다.

이런 와중에도 일제는 1931년 덕혜옹주와 대마도 번주 출신인 '소 다케유키' 백작을 정략결혼 시켰고, 1932년에는 딸 '소 마사에'까지 낳았다. 그러나 출산이후 정신질환은 더욱 악화되었고, 결국 1946년부터는 마쓰자와 도립 정신병원에 입원하게 되었다. 그럼에도 덕혜옹주의 병세에는 차도가 없었고 입원기간마저 길어지자 1955년에 소 다케유키는 덕혜옹주의 오빠부부인 영친왕, 이방자 여사와 합의이혼에 서명을 했다. 하지만 덕혜옹주의 비극은 여기서 끝나지 않았다. 이혼 다음 해인 1956년에는 딸 '마사에'마저 자살하러 간다는 유서를 남기고는 실종되었다.

1962년이 되어서야 덕혜옹주는 신문기자 김을한의 노력 덕에 어렵사리 대한민국으로 돌아오게 되는데 그는 한때 약혼까지 거론되

었던 김장한의 형이었다. [영화 '덕혜옹주'에서는 김장한(박해일 분)이 기자이면서 동시에 송환노력의 주체로 나온다.]

그동안 덕혜옹주를 비롯하여 일본에 있던 대한제국의 황족들은 해방이 되었음에도 불구하고 대통령 이승만의 거부로 귀국이 허락되지 않았었다. 그 이유는 독립운동가 출신인 이승만이 과거 망국의 책임을 물어 대한제국 황실을 인정하지도 않았을 뿐더러, 혹여 자신의 정치적인 위협요소가 될지도 모른다는 판단에서였다. 그러나 대통령 박정희는 달랐다. 그는 종전 후 국가적 지원이 끊긴 상태에서 평민신분으로 가혹한 삶을 살던 대한제국 황족들을 동정하는 편이었고, 이미 대한민국이 굳건히 자리 잡은 상황이라 옛 황족들 정도는 정치적 위협도 되지 않는다고 판단했기 때문에 영친왕을 비롯한 생존 황족들 중에 아예 일본으로 귀화한 경우[의친왕의 장남 이건(李鍵)]를 제외한 나머지 황족들 모두에게 귀국을 허락했다.

덕혜옹주는 1989년까지 창덕궁 낙선재에서 살았다

1962년 귀국당일 김포공항에는 유모였던 변복동 여사와 함께 창덕궁에서 순정황후가 보낸 상궁들이 마중을 나왔는데 덕혜옹주의 초췌한 모습을 보고 통곡했다고 한다. 덕혜옹주는 곧바로 서울대병원에 입원을 하여 치료를 받다가 1967년 병세가 다소 안정되어 퇴원을 한 뒤로는 창덕궁 낙선재 내의 수강재로 옮겨 기거하였다. 그러나 이미 병세는 돌이킬 수 없는 지경이어서 죽을 때까지 간간히 잠깐 동안 정신을 차리는 경우를 제외하고는 정상으로 돌아오지는 못했고, 덕혜옹주의 간병 및 간호는 유모 변복동 여사와 올케 이방

창덕궁 낙선재 내의 수강재

영친왕비(이방자 여사) 장례식 운구행렬 - 국립고궁박물관

덕수궁 실록으로 읽다
치조 일원 II 편전들

자 여사의 몫이 되었다.

이때 전 남편인 소 다케유키가 덕혜옹주를 만나기 위해 낙선재로 찾아오기도 했지만 관계자들에 의해 면담이 거부되었다. 이후 줄곧 창덕궁에서 생활하다가 1989년 4월 21일 오전 11시 40분경에 창덕궁 낙선재 안의 수강재에서 한 많은 생을 마감했는데 공교롭게도 덕혜옹주가 사망하고 9일 후, 올케 이방자 여사도 세상을 떠났다.

•• 뱀의 발

MBC 뉴스데스크 덕혜옹주 사망 보도

[앵커: 추성춘, 백지연 기사입력 1989-04-21]

고종황제 외동딸 덕혜옹주 별세

앵커: 조선조 마지막 황녀인 고종황제 외동딸 덕혜옹주가 오늘 오전 11시 40분 77살을 일기로 창덕궁 낙선재에서 별세 했습니다. 장례식은 25일 오전 10시 창덕궁 낙선재에서 치러집니다. 이상용 기자가 덕혜옹주의 비운의 일생을 전해 드리겠습니다.

기자: 오늘 영면한 덕혜옹주는 조선조 최후의 황녀로서 그녀의 오빠 영친왕과 지금 서울대학 병원에서 입원 중인 이방자 여사처럼 비운의 일생을 살아온 한 많은 여인이었습니다. 1912년 고종황제와 상궁 양 씨 사이에 태어난 덕혜옹주는 13살 때 일본의 볼모로 끌려간 뒤 19살 때인 1931년 대마도주의 아들인 소 다케유키 백작과 강제 결혼했습니다. 특히 옹주는 나라가 망하고 이국생활의 외로움으로 인해서 발병된 신경쇠약 증세가 결혼 3년 만에 다시 도져서 그 이후 지금까지 병상 생활에서 사실상 벗어나지 못해 왔습니다. 특히 옹주는 남편과는 결혼 생활 20여년 만에 결국 이혼했으며 유일한 딸 마사에마저 결혼에 실패한 뒤

자살해 참으로 견디기 어려운 불운을 당해야만 했습니다. 덕혜옹주는 지난 62년 38년 만에 고국으로 돌아와서 정신치료를 받아오면서 올케인 이방자 여사와 함께 창덕궁에서 은둔생활을 해 오다 오늘 비극의 일생을 마감했습니다. MBC뉴스 이상용입니다.

즉조당

대한제국 초기의 으뜸 전각

임금이 즉위식을 거행하던 전각

즉조당(卽阼堂 / 卽: 나아갈 즉, 阼: 보위 조, 堂: 집 당)은 보위(임금의 자리)에 나아간다는 전각이름의 뜻에서도 알 수 있듯이 왕의 즉위식이 열린 곳인데, 광해군과 인조가 이 건물에서 즉위하였다. 광해군의 경우 1608년 2월 선조가 갑작스레 승하한 다음날, 광해군이 '서청(西廳)에서 즉위하였다'는 실록의 기록으로 볼 때 그 무렵 서청 또한 지금의 즉조당으로 추정된다.

광해 즉위년(1608) 2월 2일
대신들이 여러 번 청하여 정릉동 행궁의 서청에서 즉위하고 하례를 받다
대신과 〈정원·옥당이〉 다섯 번 달하여 속히 어좌에 나아갈 것을 청하니 〈재삼 사양한 뒤에야〉 허락하였다. 세자가 면복(冕服)을 갖추고 정릉동 행궁의 서청(西廳, 즉조당으로 추정)에서 즉위하고 나서 신하들의 하례를 받았다.

인조 1년(1623) 3월 13일
의병을 일으켜 즉위하다
상이 의병을 일으켜 왕대비(王大妃)를 받들어 복위시킨 다음 대비의 명으로 경운궁(慶運宮)에서 즉위하였다.

인조실록 50권, 인조 대왕 묘지문[誌文]
왕이 절하고 나아가 선조의 옛 별당(別堂, 즉조당으로 추정)에서 즉위하시니, 대비의 명을 따른 것이다.

영조 45년(1769) 11월 2일
명례궁에 거동하여 《대학연의》를 강하고, 정관을 불러 정사를 행하다
임금이 황화방(皇華坊)·명례궁(明禮宮)에 거둥하였다. 명례궁은 곧 인조(仁祖)가 계해년에 즉위한 곳으로, 본래의 이름은 경운궁(慶運宮)이었다. 임금이 《실록(實錄)》을 상고하도록 명하여 이

향나무에서 본 준명당, 즉조당

를 알고 마침내 거둥하여 살펴본 것인데, '양조에서 모두 거둥하셨다(兩朝皆御)'는 네 글자와 '계해년에 즉위하신 당(癸亥卽阼堂)'이라는 다섯 글자를 친히 쓰고, 게판(揭板)하도록 명하였으니, 대개 선묘(宣廟)께서도 또한 임진년 이후에 이 궁에서 거처했었기 때문이었다.

즉조당은 석어당(昔御堂)과 마찬가지로 임진왜란이라는 어려웠던 시절에 선조가 거처하며 국정을 이끌었던 의미 있는 장소로 인식되었으며, 반정에 성공한 인조가 인목대비로부터 왕위 계승을 인정받고 월산대군의 고택이었던 정릉동 행궁을 떠나 창덕궁으로 아주 이어하면서도 이곳 즉조당과 석어당을 제외한 나머지 대지와 건물을 원래 주인(월산대군의 후손)에게 돌려주었다는 기록도 이를 뒷받침해 준다. 그만큼 즉조당과 석어당은 덕수궁 내 전각들 중에서는 중요도에서 앞섰다고 볼 수 있다. 심지어 순종황제까지도 처음에는 이곳 즉조당에서 즉위식을 거행하려 했다가 최종적으로는 돈덕전으로 바꾸기도 했다.

인조 1년(1623) 7월 12일
경운궁에 딸린 가옥을 그 주인에게 되돌려주도록 하다
상(上)이 경운궁에 딸린 가옥을 그 주인에게 되돌려 주게 하였다. 당초 임진왜란 때 궁궐이 불타버리자 선조가 돌아온 뒤 임시로 정릉동의 민간 백성 집에 거처하면서 경운궁이라 일렀는데, 그 뒤에 광해군이 인목 대비를 유폐시키고 서궁(西宮)이라 일컬었다. 이때에 이르러 선조(先祖)가 침전으로 쓰던 두 군데[즉조당과 석어당]를 제외하고 나머지는 모두 본주(本主)에게 되돌려 주라고 하교하였다.

순종 즉위년(1907) 7월 25일
신기선이 황제 즉위식에 대하여 아뢰다
장례원 경(掌禮院卿) 신기선이 아뢰기를, "내각(內閣)의 아룀으로 인하여 황제의 대호(大號)를 올리는 일에 대한 비지(批旨)에, '대조(大朝)의 처분을 받들었으니 마지못해 따른다.'고 하셨습니다. 이미 대호를 받게 된 만큼 황제의 자리에 오르는 예가 없어서는 안 됩니다. 즉위 처소는 어느 곳으로 마련하며, 날짜

는 언제로 잡겠습니까?" 하니, 제칙(制勅)을 내리기를, "처소
는 즉조당(即祚堂)으로 하고, 날짜는 음력으로 다음 달 보름 후
로 잡아서 들여보내라." 하였다.

순종 즉위년(1907) 8월 27일
황제의 즉위식을 진행하고 대사령을 반포하다
돈덕전(惇德殿)에 나아가 황제의 즉위식을 거행하였다. … (후략)

그래서 그런지 즉조당은 바로 옆의 준명당과 비슷한 규모임에도 불구하고 고종이 아관파천에서 돌아온 뒤로 이 즉조당을 임시 정전 (正殿=法殿)으로 사용을 했고, 고종이 대한제국을 선포한 뒤에는 태극전, 중화전으로 불리다가 1902년 정식 정전인 중화전이 새로 지어지면서 다시 즉조당으로 불렸다. 따라서 대한제국 초기의 으뜸 전각은 단연코 즉조당이었다.

고종 33년(1896) 10월 31일
청목재에 나아가 총호사와 의정 이하를 소견하다
(전략) … 상이 이르기를, "전각(殿閣)이 완공되면 이어하겠지만, 진전의 처소가 좁아서 매우 송구스럽고 답답하다." 하였다. 조병세가 아뢰기를, "만약 전각이 완공되면 진전을 새로 세운 처소에 옮기고, 시어소(時御所: 임금이 임시로 거처하는 곳)는 즉조당(即祚堂)으로 정하는 것도 좋겠습니다." 하니, 상이 이르기를, "터가 매우 좁아서 불편한 점이 많다." 하였다.

고종 34년(1897) 8월 16일
연호를 세운 것에 대하여 올리는 진하 의식을 가지고 사령을 반포하다
즉조당(卽阼堂)에서 연호(年號)를 세운 것에 대하여 진하(陳賀)하는 의식을 가졌다. … (중략) … 올해 8월 16일 삼가 천지의 신과 종묘사직에 고하고 '광무(光武)'라는 연호(年號)를 세웠다. … (후략)

고종 34년(1897) 10월 7일
즉조당의 편액을 태극전으로 고치다
조령(詔令)을 내리기를, "즉조당(卽阼堂)의 편액을 '태극전(太極殿)'이라고 새겨 걸도록 역소(役所)에 분부하라." 하였다.

고종 35년(1898) 2월 13일
태극전을 중화전으로 개호하다
조령(詔令)을 내리기를, "태극전(太極殿)을 중화전(中和殿)으로 개호(改號)하라." 하였다.

고종 39년(1902) 5월 12일
법전 이름을 중화전이라 하고, 이전 중화전은 다시 즉조당으로 부르도록 하다
조령을 내리기를, "이제 법전(法殿=正殿)을 지으면 전호(殿號)를 중화전(中和殿)이라 하고 이전 중화전(中和殿)은 도로 즉조당(卽阼堂)이라 부르라." 하였다.

실질적인 황후 귀비 엄 씨

또한 이곳은 고종이 상왕(太王)이 된 뒤 거처하던 전각으로서 궁명(宮名)을 덕수궁으로 바꾼 뒤인 1907년부터 1911년까지는 후비인 순헌황귀비 엄 씨(嚴氏)가 이곳에 거처하다 사망하였다.

순종 4년(1911) 7월 20일
귀비 엄 씨가 덕수궁의 즉조당에서 돌아가시다
덕수궁(德壽宮)의 즉조당(卽阼堂)에서 인시(寅時)에 귀비(貴妃) 엄 씨(嚴氏)가 훙(薨)하였다.

그렇다면 귀비 엄 씨는 누구인가? 한마디로 요약하자면 고종의 후궁으로, 을미사변 때 명성황후가 시해된 이후에는 사실상 고종의 황후나 마찬가지였던 여성이다. 1854년 한성부 서소문에서 평민인 엄진삼의 장녀로 태어나서 8살의 나이로 궁녀가 되어 입궐하였는데, 명성황후의 시위상궁(侍衛尙宮)으로 있으면서 고종의 승은을 입었다가 명성황후에게 발각되면서 궁궐에서 쫓겨났다. 하지만 을미사변으로 명성황후가 죽자 고종은 엄상궁을 다시 불렀고, 아관파천에도 개입해서

순헌황귀비 엄씨 - 국립고궁박물관

고종, 순종과 함께 러시아 공사관에서 같이 생활하였으며, 1897년 42세의 나이에 황자 은(垠=의민태자=영친왕)을 낳고 이틀 후 정식 후궁의 첩지를 받아 귀인에 봉작된 뒤 이후 순빈, 순비로 차례로 진봉되었고, 나중에는 황귀비로 봉해졌다.

고종 34년(1897) 10월 20일
궁인 엄 씨가 황자를 출산하다
조령(詔令)을 내리기를, "궁인(宮人) 엄 씨(嚴氏)가 오늘 해시(亥時)에 아들을 낳았으니 산모를 돌봐주는 등의 절차는 전례대로 거행하라." 하였다.

고종 34년(1897) 10월 22일
궁인 엄 씨를 귀인으로 봉작하다

고종 37년(1900) 8월 3일
귀인 엄 씨를 순빈에, 궁인 이 씨를 소의에 책봉하다

고종 38년(1901) 10월 14일
순빈 엄 씨를 순비로 책봉하다

고종 40년(1903) 12월 25일
순비 엄 씨를 황귀비에 책봉하다

고종은 엄 씨를 명성황후의 뒤를 잇는 황후로 세우고 싶어 했으나 대내외의 큰 반대에 부딪쳤다. 엄 씨의 신분이 원래 평민이었던 탓도 있었고, 또한 숙종이 장희빈 사태를 겪으면서 세워 놓은, '후궁은 왕비가 될 수 없다'는 법도 때문이었다. 결국은 서열상 황후의 바로 아래이자, 후궁 중에서는 가장 지위가 높은 황귀비의 직책을 받는 걸로 이 문제는 일단락되었으나, 사실상 황후가 없는 상황에서 가장 지위가 높은 후궁이었으니 실질적으로는 황후나 마찬가지였다.

그런데 당시 순종에게는 아들이 없었고 그가 심하게 병약했다는 점 때문에 엄귀비는 자신의 아들 황자 '은'을 황태자로 올릴 계획을 세웠다. 그러나 이를 안 영선군 이준용(고종의 친형 흥친왕 이재면의 장남이자 흥선대원군의 적장손임. 대원군은 고종의 친정 이후에 자신의 정치적 입지가 좁아지자 고종을 폐위하고 이준용을 대신 세우려 함)과 의친왕 이강(고종의 제5남이자 순종의 이복동생)이 극렬하게 반발했지만, 1907년 8월 고종은 후사가 없는 순종의 황태자로 영친왕 이은을 결정해 버렸다. 이는 자신의 왕위를 계속 위협했던 정적 영선군 이준용과 의친왕 이강을 견제하려는 고종의 의도와 더불어, 이준용 파와 이강 파가 득세하면 자신의 실권이 잠식될 것을 우려한 이완용의 정략이 맞아떨어진 결과였다.

순종 즉위년(1907) 8월 7일
영왕 은을 황태자로 책봉하라는 명령을 내리다
조령(詔令)을 내리기를, "<u>영왕(英王) 은(垠)을 책봉하여 황태자로 삼되</u> 책봉에 관한 의식과 절차는 궁내부(宮內府)의 장례원(掌禮院)에서 예에 비추어 거행하도록 하라." 하였다.

그러나 아들 영친왕을 순종의 황태자로 만드는 데까지는 성공하였지만, 이토 히로부미는 자신이 황태자의 사부(師父)라는 명목하에 유학을 명분으로 하여 영친왕을 일본에 인질로 데려가 버렸다.

순종 즉위년(1907) 11월 19일
이토 히로부미를 태자 태사에 임명하다
(전략) … 태자 태사인 통감(統監) 공작(公爵) 이토 히로부미로 하여금 일본에 데리고 가서 도와주고 깨우쳐주게 하며, 교육하는 방도에 관계되는 모든 것을 전적으로 대일본(大日本) 대황제(大皇帝)에게 의논하여 꼭 성취시키도록 하려고 한다. … (후략)

순헌황귀비 엄씨와 의친왕비, 궁녀 3인, 일본 여인 4명, 남녀 소인 2명 - 국립고궁박물관

엄귀비는 현재 전하는 사진이 여러 장 있다. 그런데 엄귀비의 사진을 보면서 미인이라고 말하는 사람은 거의 없다. 혹자는 이를 두고 현재와 그 당시의 미의 기준이 달랐기 때문이라고도 하지만 당대에도 엄 씨는 박색이라는 평이 많았다고 한다. 엄귀비는 1911년 장티푸스에 걸려 고생하다가 즉조당에서 향년 57세를 일기로 세상을 떠났다.

석어당

인목대비의
한이 서린 곳

석어당에서 옛 임금을 생각하다

석어당(昔御堂 / 昔: 옛 석, 御: 거느릴 어, 堂: 집 당)은 덕수궁 내에서 전통건축물 중 유일한 이층집이다. 원래의 건물은 선조 26년(1593년)에 창건되었는데, 1904년 덕수궁의 대화재 때 소실되었다가 곧 중건되었으며 특이하게도 단청을 하지 않은 백골집이다. 지붕은 팔작지붕을 하고 있으며 아래층은 정면 8칸 측면 3칸인 반면, 위층은 정면 6칸 측면 1칸의 굴도리집이다. 또한 석어당은 현재 정전인 중화전의 동쪽 뒤편에 있고 즉조당과는 중심축이 맞지 않는데 이것은 임진왜란 당시

석어당

선조가 환도(還都)하여 월산대군의 고택을 시어소(時御所)로 삼았을 때는 이 건물 밖에 없었기 때문에 특별히 건물배치에 구애를 받지 않아서인 듯하다.

　석어당은 한때 인목대비가 유폐되어 서궁(西宮)이라고 불렸던 곳이며, 또한 인조반정 때는 풀려난 인목대비가 광해군을 이 건물 앞뜰에 꿇어 앉혀 죄를 책한 곳이라고 전한다. 한편 '옛날 임금을 생각한다.'라는 건물이름에서도 알 수 있듯이 역대 국왕들은 이곳에서 임진왜란 시절의 어려웠던 때를 회상하며 선조(宣祖)를 추모하기도 했다. 특히 영조는 1773년 두 차례에 걸쳐 경운궁에 행차했는데, 2월에는 선조의 경운궁 입궁 3주갑(180년)을 기리기 위해 세손(정조)과 함께 즉조당에서 사배례(四拜禮)를 행했고, 11월에는 친필로 석어당(昔

御堂) 현판을 즉조당 건물에 걸게 했다. 따라서 석어당은 즉조당과 함께 덕수궁 내에서는 가장 오랜 기간 동안 중심적인 전각의 위치를 차지하고 있었음을 알 수 있다.

영조 49년(1773) 2월 1일
경운궁으로 나아가서 추모하고, 경희궁 이문 안의 백성들에게 쌀을 내려주다
임금이 경운궁(慶運宮)으로 나아갔다. 당초에 선조 대왕이 용만(龍灣. 의주)에서 환궁하여 경운궁으로 나아갔는데 그 해가 계사년(1593) 이었고, 오늘이 또 목릉(穆陵)의 기신(忌辰)이었기 때문이었다. 임금이 추모하기 위하여 왕세손(王世孫)과 더불어 경운궁에 나아가 즉조당(卽阼堂)에서 사배례(四拜禮)를 행하고 삼공(三公. 삼정승)과 구경(九卿. 삼정승에 다음 가는 아홉 고관직. 의정부 좌우찬성. 육조 판서. 한성부 판윤)에게 따라 들어오도록 명하여 예를 행하게 하였다.

영조 49년(1773) 11월 4일
세 글자를 써서 즉조당에 현판을 걸게 하다
임금이 '석어당(昔御堂)' 세 글자를 써서 즉조당(卽阼堂)에 현판(縣板)을 걸게 하였으니, 바로 경운궁(慶運宮)이었다.

•• 뱀의 발
왕세손의 존칭은 무엇이었을까? 전하, 저하, 합하, 각하?
동서고금을 막론하고 전통사회에서는 체제의 현상유지를 위해 가능한 모든

변화를 거부하는 것이 통례였다. 그래서 거주이전의 자유도 없을 뿐더러 심지어 직업선택의 자유도 없는 곳도 많았는데, 이런 것들은 모두 신분제 사회를 유지하기 위한 방편이었다. 동아시아도 예외는 아니어서 음양오행이나 유학 등을 근본사상으로 해서 사회의 모든 것에 질서를 부여하여 체제를 관리했는데, 사람의 신분서열뿐만 아니라 사물이나 논리체계에도 서열을 정했다. 예를 들면 건물에도 주인의 신분에 따라 서열이 정해져 있다.

건물의 서열은 대체로 전, 당, 합, 각 그리고 재, 헌, 루, 정(殿堂閤閣齋軒樓亭) 순을 따른다. 전(殿)의 주인은 최소한 왕과 왕비급이 되어야 한다. 왕과 왕비가 아니어도 왕실 어른이신 대비가 거처하는 곳이나 선왕의 유품을 모신 곳 등에는 전(殿)을 쓸 수 있는데, 심지어 국가서열 2위인 왕세자도 전(殿)을 쓰지 못하고 당(堂)을 쓴다. 경복궁의 자선당, 창덕궁의 중희당, 창경궁의 시민당 등이 왕세자의 주된 활동공간 내의 전각이름이다. 예외적으로 사찰의 부처와 보살을 모신 전각은 '왕즉불(王卽佛, 왕이 곧 부처다)' 사상에 의해 대웅전, 극락전, 관음전과 같이 전(殿)을 쓸 수 있다.

또한 우리나라에서는 사람을 지칭할 때 그 사람의 이름이 아니라 그 사람이 거처하는 건물의 이름으로 대신 부르는 전통도 있다. 왕비를 중전이라 부르는 것은 왕비의 거처가 중궁전이어서 그런 것이고, 세자를 동궁마마라고 부르는 것도 세자의 처소가 임금의 동쪽에 있기 때문에 그렇게 부르는 것이다. 정조의 생모(혜빈 홍 씨)를 혜경궁으로 부른다든지 고종을 덕수궁으로 부르는 것도 모두 궁호(宮號)로써 그 사람을 지칭하는 것이다. 이런 전통은 민간까지 퍼져있는데 양반가의 사랑채 이름으로 그 양반가 전체를 대표한다든지(예: 녹우당) 결혼한 여자를 부를 때도 택호(宅號)라고 하여 수원댁, 안성댁 하는 것처럼 친정집의 지역명을 따서 그 사람을 부르는 것도 같은 원리다.

경복궁 자선당

창덕궁 중희당 터

통도사 관음전

통도사 대웅전

전(殿)의 주인을 부를 때는 전하(殿下)라는 존칭을 사용 한다. 내가 전(殿)의 아래쪽[下]에서 엎드려 뵈어야 하는 분이라는 뜻이다. 합(閤)의 주인을 부를 때는 합하(閤下), 각(閣)의 주인을 부를 때는 각하(閣下)라고 한다. 예외적으로 당(堂)의 주인은 당 대신 집 저(邸) 자를 써서 저하(邸下=儲下)라고 한다. 대체로 조선에서는 존칭의 서열로 전하=임금, 저하=세자, 합하=대원군을 사용해 왔다. 즉 건물의 서열 및 존칭이 집주인의 서열을 나타내 주는 것이다. 그런데 세자가 아닌 세손의 서열 및 존칭은 어떻게 될까? 실록에서 관련 내용을 검색해 보았다.

인조 27년(1649) 2월 19일
세손을 칭할 명호에 대해 여쭈다

강서원(講書院)이 아뢰기를,

"왕세자는 신하들이 저하(邸下)라 칭합니다만, 세손은 어떤 명호로 칭해야 하며, 본원(本院)의 관원이 말하거나 글을 쓸 때에는 또한 어떻게 자칭(自稱)해야 합니까? 예관을 시켜 결정하게 하소서." 하였는데, … (중략) … 영의정 김자점(金自點), 좌의정 이경석(李景奭), 우의정 정태화(鄭太和)가 아뢰기를, "왕세손의 칭호는 의거할 만한 전례가 없으므로 의리에 따라 정하지 않을 수 없으니, 각하(閣下)라 칭하는 것이 마땅하겠습니다." 하니, 상이 의논대로 하라고 명하였다.

영조 36년(1760) 12월 7일
경현당에서 대사성, 서명응 등과 강토하다

임금이 심이지에게 묻기를, "세손(世孫)의 강학(講學)이 많이 진보한 보람이 있는가?" 하니, 심이지가 말하기를, "신이 '인(仁)' 자를 물으니, 각하

(閣下)가 말하기를, … (후략)

공식 규정으로는 세손의 존칭이 각하(閣下)로 정해진 것 같다. 그럼에도 불구하고 세손을 저하로 부른 사례도 많이 눈에 띄는데, 예나 지금이나 본래 규정보다 높여 불러주는 것을 싫어하는 사람은 없는 것 같다.

영조 42년(1766) 9월 2일 기사
지평 이지승이 간언과 재용 등에 대해 상소하다
장령 안겸제(安兼濟)가 상소하였는데, 대략 이르기를, … (중략) … 신이 또 삼가 보건대 세손 저하(世孫邸下)는 덕성(德性)이 이미 이루어졌고 … (후략) …

영조 51년(1775) 10월 10일
《팔순곤유록》을 친히 짓고 세손에게 이르다
… (전략) … 그리하여 깊은 밤 전석(前席)에서 《유곤록(裕昆錄)》 1편을 불러서 쓰게 하여 그것으로 왕세손 저하에게 물려주셨다. … (후략) …

아들보다 9살이나 어린 계모

그런데 인목대비는 왜 이곳 석어당에 유폐되었던 것일까? 우선 인목대비에 대해서 먼저 알아보자. TV사극이나 영화를 통해 대중적으로 널리 알려진 인목대비는 인목왕후의 대비시절 이름이지만 엄밀히 말하면 인목(仁穆)은 죽은 뒤에 받은 시호(諡號)이기 때문에 잘못된 호칭이다. 선조 때 소성(昭聖)이라는 존호를 받았기 때문에 광해군 때는 소성대비(昭聖大妃)라 불렸는데, 이후 존호, 휘호, 시호 등이 추가되면서 최종적인 정식 시호는 '소성정의명렬광숙장정정숙인목왕후(昭聖貞懿明烈光淑莊定正肅仁穆王后)'이다.

인목왕후는 김제남의 딸로 1584년에 태어났는데, 선조의 정비인 의인왕후(懿仁王后)가 사망한 뒤 1602년에 왕비로 간택되어 19세의 어린 나이로 51세의 선조와 가례를 올렸다. 그러나 조선왕조에서 보통 왕비 간택의 대상이 되는 나이는 13~16세였다는 것을 감안한다면 19세는 늦은 나이라고 할 수 있다. 아마도 임진왜란으로 인한 난리 통에 적당한 혼처를 정할 틈이 없어 혼기를 놓친 것으로 추정되는데, 족보상 광해군에게는 계모이지만 아들인 광해군보다 무려 나이가 9살이나 어렸다.

그녀는 왕비가 된 다음 해인 1603년 정명공주(貞明公主)를 낳았고, 1606년에는 55세의 선조가 그토록 기다리던 적자 영창대군(永昌大君)을 낳았다. 선조는 조선왕조 최초로 적자가 아닌 서자, 정확히는 서손으로 왕위를 이었기에 왕위계승에 대한 콤플렉스가 심했고, 따라서 자신의 콤플렉스를 만회하기 위해 이미 세자였던 광해군을 영창대군으로 바꾸려고 마음먹고 있었다.

광해군은 선조의 서자 중에서도 첫째가 아닌 둘째였으며, 어려서 생모인 '공빈 김 씨'를 잃었고 외할아버지인 김희철마저도 임진왜란 중에 전사하면서 정치적인 후원자가 없었다. 게다가 친형인 임해군은 성격이 포악했고 주위로부터 신망을 잃었으면서도 자신의 행실은 돌아보지도 않고 공공연하게 세자자리를 도둑맞았다고 떠들고 다니는 문제아였다.

선조 30년(1597) 1월 5일
임해군과 정원군을 파직할 것을 사헌부가 건의하다

선조 31년(1598) 4월 27일
비망기로 임해군 이진이 술이 취했으니 파직토록 하다

선조 34년(1601) 3월 17일
사헌부에서 임해군 파직을 아뢰다

선조 35년(1602) 7월 4일
사간원에서 임해군의 살인죄,
가례도감의 준비 미숙 등을 조사토록 하다

선조 39년(1606) 8월 24일
사헌부에서 임해군의 파직을 요청하다

　세자가 책봉되기 전에 선조는 자신이 총애하던 후궁 '인빈 김 씨' 소생의 신성군을 은근히 세자로 삼고 싶었으나 워낙 광해군의 자질이 뛰어나 일부 소북파를 제외한 대부분의 신하들이 광해군을 옹립하였고, 때마침 임진왜란이 발발하는 바람에 어쩔 수 없이 조정을 나눠 분조(分朝)를 책임질 광해군을 세자로 삼을 수밖에 없었다.

뱀의 발
야사가 전하는 광해군의 총명함

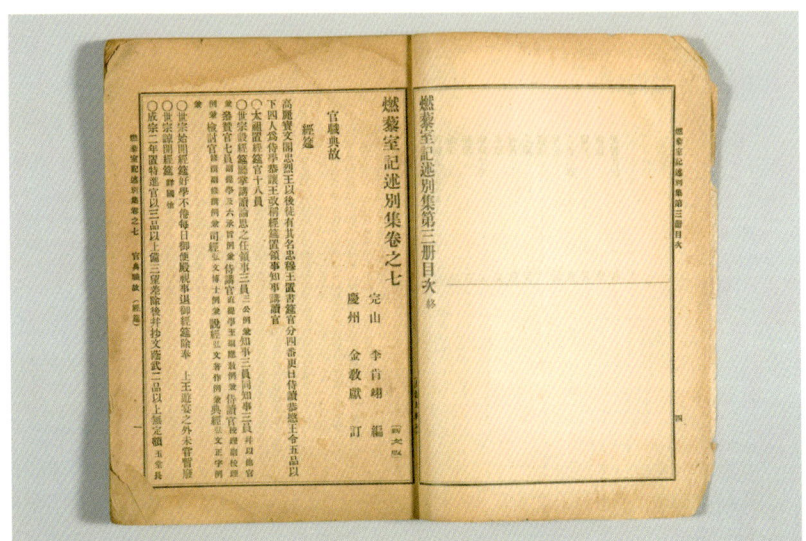

연려실기술 - 국립중앙박물관

이긍익의 연려실기술에 의하면, 하루는 선조와 의인왕후가 10명이 넘는 왕자들을 모아 놓고 "세상에서 가장 맛난 반찬 음식이 무엇이냐?"며 묻기를, 다른 왕자들은 저마다 자기가 좋아하는 것들을 댔으나 유독 광해군만은 소금이라 답했다. 그 이유를 물으니 광해군 이르기를, "소금이 아무리 흔한 물건이라지만, 아무리 맛난 산해진미도 소금 없이는 100가지 맛을 이루지 못합니다."라고 답했다. 이어서 선조가 왕자들에게 가장 아쉽게 여기는 점이 무엇이냐고 묻자, 다른 왕자들의 답변과는 달리 광해군은 모후와 일찍 사별한 것을 가장 아쉽게 여긴다고 답했다. 이 일화를 전해들은 신료들은 일찌감치 광해군을 왕의 재목으로 주목했다고 한다.

선조 25년(1592) 4월 28일

징병 체찰사 이원익 등을 인견하고 격려한 뒤,

광해군을 세자로 정하다

상이 선정전에 나와 징병 체찰사(徵兵體察使) 이원익과 최흥원, 우부승지 신잡, 주서(注書) 조존세, 가주서 김의원, 봉교 이광정, 검열 김선여 등을 인견하였다. 상이 이원익에게 이르기를, "경이 전에 안주(安州)를 다스릴 적에 관서 지방의 민심을 많이 얻었기 때문에 지금까지 경을 잊지 못한다고 하니, 경은 평안도로 가서 부로(父老)들을 효유하여 인심을 수습하라. 적병이 깊숙이 침입해 들어와 남쪽 여러 고을들이 날마다 함락되니 경성(京城) 가까이 온다면 관서로 파천해야 한다. 이러한 뜻을 경은 분명히 알아야 한다." … (중략) …

신잡이 아뢰기를, "사람들이 위구심을 갖고 있으니 <u>세자를 책봉하지 않고는 이를 진정시킬 수 없습니다.</u> 일찍 대계(大計)를 정하시어 사직의 먼 장래를 도모하소서." 하니, 상이 그 말이 옳다고 하였다. … (중략) …

대신들이 앞으로 나아가니 상이 대신들에게 이르기를, "나라의 위태로움이 이와 같으니 다시 형적(形迹)을 보존할 수가 없다. 경들은 누구를 세울 만하다고 생각하는가?" 하니, 대신들 모두가 아뢰기를, "이것은 사신들이 감히 아뢸 바가 아니고 <u>마땅히 성상께서 스스로 결정하실 일입니다.</u>" 하였다. 이렇게 <u>되풀이하기를 서너 차례 하자 밤이 이미 깊었건만 상은 그때까지 결정을 내리지 못했다.</u> 이산해가 허리를 굽히고 자리를 피하려 하자, 신잡이 말하기를, "오늘은 기필코 결정이 내려져야 물러갈 수 있습니다." 하니, 대신은 다시 자리로 나아갔다. 상이 약간 미소를 띠고 이르기를, "광해군(光海君)이 총명하고 학문을 좋아하여 그를 세워 세자로 삼고 싶은데 경들의 뜻에는 어떠한가?" 하였다. 대신 이하 모두 일시에 일어나 절하면서 아뢰기를, "종묘사직과 생민들의 복입니다." … (후략)

잘난 아들과 못난 아버지

그런데 선조 자신은 의주로 도망간 후 심지어 조선을 버리고 중국의 요동으로 들어가 버리려고 했으며, 멀쩡한 이순신을 백의종군 시켜 조선수군을 궤멸 당하게 하는 등 실정을 거듭하여 신하와 백성들로부터 신망을 잃었으나, 오히려 광해군은 빈손으로 분조를 이끌면서도 의병들을 규합해 활발한 게릴라 활동을 함과 동시에 백성들의 신망을 얻으니 잘난 아들을 둔 못난 아비의 처지가 되어 버렸다. 또한 '이몽학의 난' 등 몇 차례의 반란 사건으로 가뜩이나 의심이 많아진 선조는 평소 불안감에 휩싸여 누구도 믿지 못하게 되었으며 여기에는 광해군도 예외는 아니었다. 그러니 평소에도 선조는 광해군에 대해 노골적으로 냉대를 했는데, 이 와중에 적자인 영창대군까지 태어나자 광해군의 지위는 더욱 불안정하게 되었다.

아마도 선조가 몇 년을 더 살았더라면 영창대군이 광해군을 밀어내고 세자자리에 앉았을 수도 있었을 것이다. 그러나 선조는 영창대군이 세 살바기였을 때 세상을 떴고, 인목왕후는 현실적으로 34살의 유능한 광해군의 대안을 마련하지 못해 광해군에게 왕위를 계승

한다는 언문교지를 내렸다.

광해 즉위년(1608) 2월 21일
이호민과 오억령이 경사로 떠나다
고부 청시 청승습사(告訃請諡請承襲使: 국왕이 서거하였을 때 중국에 부고를 알리고 시호(諡號)를 청하며 세자의 왕위 계승을 청하는 사신) 연릉 부원군(延陵府院君) 이호민, 행 용양위 상호군(行龍驤衛上護軍) 오억령이 경사(京師=서울. 여기서는 중국의 북경)로 떠났다. 백관들이 백의(白衣)·오사모(烏紗帽)·흑각대(黑角帶)를 갖추고 배표(拜表)한 다음 모화관까지 가서 전송하였다. … (중략) … 승습(아버지의 봉작(封爵)을 이어받음=세습)을 청하는 주문(奏文: 황제나 임금에게 아뢰는 글)의 내용은, "조선국(朝鮮國) 왕비(王妃) 첩(妾) 김 씨(金氏=인목왕후)는 삼가 승습하는 일 때문에 아룁니다. 삼가 선신(先臣) 왕(王=선조)은 만력(萬曆) 35년 3월 초3일부터 병을 앓기 시작했는데 의약(醫藥)이 아무런 효험이 없어 더욱 위중하여진 상태에서 해를 넘겼습니다. 그리하여 금년 2월 초1일에 이르러 병이 위독하여졌으므로 아들 광해군(光海君) 이혼(李琿)에게 국사를 부탁하였고 이날 신시(申時)에 훙서(薨逝)했습니다. … (후략)

이렇듯 광해군의 즉위 과정은 순탄치가 않았다. 자신의 친형 임해군은 여전히 장자승계 원칙을 주장하며 자신을 압박하였고, 소북파의 적통론도 끈질기게 발목을 잡고 늘어졌던 것이다. 사실상 죽음을 의미하는 세자폐위의 두려움 속을 뚫고 천신만고 끝에 즉위한 광해군은 이제는 상황이 역전되자 지금까지 자신을 위협했던 정치세력들에게 복수의 칼을 뽑아들었다. 물론 광해군 자신이 직접 보복에 나섰다는 직접적인 사료는 없다하더라도 정치란 원래 속성이 그런 법이다.

특히 광해군의 즉위에 큰 역할을 했던 이산해, 이이첨, 정인홍 등의 대북세력은 정적을 쉽게 제거하고 자신들의 권력을 더욱 강화하고자 광해군의 불안감을 증폭시키려고 했다. 우선 명나라까지 끌어들여 세자봉작에 대한 서열문제를 지속적으로 부각시켰던 임해군은 결국 스스로 죽음을 자초한 꼴이 되었는데, 광해군을 지지하는 일부 대신들의 주청에 의하여 진도에 유배되었다가 다시 강화 교동으로 이배되었고, 이듬해 죽임을 당하였다.

광해 즉위년(1608) 5월 27일
<u>추국청에서 임해군 일당의 역모가 드러났다고 아뢰다</u>

광해 즉위년(1608) 8월 3일
<u>왕실의 친척이 역모를 범했을 경우 그 처분에 관한 논의</u>
(전략)… 하·김 두 역적의 일은 그대로 윤허하고, <u>임해군의 경우는 정상과 법률을 참작하여 이미 목숨을 용서한 이상 처첩을 종으로 삼고 집터를 못으로 판다는 것은 차마 따르지 못하겠다며, 지금은 거행하지 말라고 하였다.</u>

광해 1년(1609) 4월 29일

임해군 이진(李珒)의 졸기

임해군(臨海君)을 위소(圍所)에서 죽였다. 임해군이 위장(圍墻) 안에 있을 때 다만 관비(官婢) 한 사람만이 그 곁에 있으면서 구멍으로 음식을 넣어주었는데, 이때 이르러 수장(守將) 이정표가 핍박하여 독을 마시게 했으나 따르지 않자 드디어 목을 졸라 죽였다. 〔임해가 죽은 것을 사람들이 능히 밝히지 못하고 또 죽은 날도 알지 못하였다. 무신년 반정 후 임해군의 가족이 그 관비를 불러 묻고서야 비로소 그 실상을 알았다. 부인 허씨(許氏)가 관을 열고 보니 피부가 살아 있을 때와 같았는데, 그 목에 아직 새끼줄을 감았던 붉은 흔적이 있었다.〕

임해군 사건을 시작으로 대북정권은 지속적으로 역모사건을 조작해 광해군을 심리적으로 압박했으며, 광해군 역시 조금이라도 왕권에 위협이 될 만한 징후가 보이면 주저 없이 친국을 통해 이를 가차 없이 눌러 버렸는데 그 최고봉이 바로 '계축옥사(癸丑獄事)' 또는 '칠서의 옥[七庶之獄]'이었다. 1613년 대북파는 먼저 영창대군을 왕으로 옹립하려 했다는 구실로 정적관계인 소북파의 영수 영의정 유영경을 사사(賜死)하게 하고 소북파를 축출하는 한편, 영창대군 및 그 측근들에게 박해를 가하고자 하였다.

공작정치의 끝판왕 '칠서의 옥'

그런데 때마침 1613년 3월 문경의 조령(鳥嶺=새재)에서 상인을 죽이고 은 수백 냥을 약탈한 강도사건이 일어났다. 범인 일당은 모두 조정 고관의 서얼들 7인으로서 신분 때문에 출세의 길이 막힌 데에 불평을 품고 온갖 악행을 자행하다가 그 사건을 일으킨 것이었다. 원래는 단순한 강도사건이었지만 대북파는 이들을 문초할 때 인목왕후의 아버지 김제남과 반역을 도모하였다고 허위 자백케 하여 김제남을 죽였고 영창대군을 서인(庶人)으로 만들어 강화도에 유배하였는데, 후에 강화부사 정항으로 하여금 그를 죽게 하였다. 이 사건이 계축년에 일어났으므로 '계축옥사'라고 하고, 7인의 서얼이 관련되었기에 '칠서의 옥'이라고도 한다. 그리고 이 옥사를 빌미로 1618년 인목대비마저 폐위되어 서궁(경운궁)에 유폐되었다.

광해 5년(1613) 4월 25일
좌변 포도대장 한희길이 서얼
박응서 일당의 강도 사건에 대해 아뢰다
죄수 박응서가 역모를 고변하니 의금부로 옮겨 국문하게 하다

광해 5년(1613) 5월 6일
박응서의 역모 사건이 무고였음을 말하는 사관의 논평
살피건대 박응서와 서양갑 등은 단지 강도짓을 한 2, 3명의 미천한 서얼에 불과하였다. 그런데 박응서가 도적질을 하다가 형을 받고 죽는 것을 부끄럽게 여긴 나머지 역모(逆謀)했다고 무고하면서 대군에게 핑계를 대고 스스로 죄를 면해 보려고 하였던 것이다. 여기에 서양갑이 또 자기 가족들을 멸절시킨 국가를 원망한 나머지 대비에게 핑계를 돌리고 김제남을

끌어들여 임금의 뜻을 맞춘 다음 그 옥사를 확대시켜 국가를 전복하고 원수 갚을 계책을 꾸몄으니, … (중략) … 왕이 안으로는 대군을 꺼리고 밖으로는 참소하는 말에 미혹되어 온갖 일을 더욱 얽어 확대시킨 것은 괴상하게 여길 것도 없다. … (후략)

광해 10년(1618) 1월 28일
서궁으로만 칭하고 대비의 호칭은 없애되 폐 자를 거론치 말도록 하다

(전략) … 지금 이후로는 단지 서궁(西宮)이라고만 칭하고 대비(大妃)의 호칭은 없애도록 하라. 그리고 다시는 폐(廢)라는 글자를 거론하지 말아 사은(私恩)과 의리 모두가 온전하게 되도록 하라. … (후략)

덕홍전

대한제국을 다시 조선으로 되돌린 일제

덕홍전과 함녕전 사이의 사라진 담장

임금의 덕이 널리 퍼지게 하는 집이라는 뜻의 덕홍전(德弘殿 / 德: 덕 덕, 弘: 넓을 홍, 殿: 전각 전)은 덕수궁의 정전인 중화전과 침전인 함녕전 사이에 자리 잡고 있다. 원래는 명성황후의 시신을 모신 빈전(殯殿)과 신주를 봉안하는 혼전(魂殿)으로 사용되었는데, 명성황후의 국장을 지내기 전까지는 경소전(景昭殿) 그리고 국장을 지내고 난 뒤에는 경효전(景孝殿)이라 불렸다. 그러다가 1912년 고종이 주로 귀빈을 접견하는 알현실로 고쳐 짓고서 덕홍전이라고 불렀는데 곧 편전의 용도

덕홍전

였다. 따라서 덕홍전은 덕수궁에 현존하는 건물 중 가장 나중에 지어진 건물인 셈이다.

　덕홍전은 건물의 구조가 약간 특이하다. 우선 정면 3칸 측면 4칸으로, 측면 칸수가 정면 칸수보다 더 많다. 그러다보니 건물의 평면도를 보면 거의 정사각형에 가깝다. 또한 덕홍전 동쪽 세 번째 칸에 문이 달려 있는 것으로 봐서는 원래 그곳으로 연결되는 통로가 있었지만 지금은 사라졌음을 보여주고 있고 또한 주초석에도 그 흔적이 남아 있다. 또한 지금은 침전인 함녕전과 마당을 공유하고 있지만 1910년대의 덕수궁 평면도나 사진을 보면 함녕전과는 담을 사이에 두고 별도의 영역으로 분리되어 있었음을 확인할 수 있다.

　덕홍전의 주 용도가 알현실이다보니 기본적으로 내부 구조는 전

덕홍전 동쪽측면 세번 째칸에 문이 달려있다.

덕홍전 정면3칸 측면4칸

덕홍전 내부

덕홍전 내부 황금빛 오얏문양

체가 넓게 터져 있다. 바닥에는 서양 양탄자가 깔려 있고, 천장에도 서양식 조명이 달려 있는데, 대한제국의 문장인 황금빛 오얏꽃(자두꽃) 문양도 건물 안쪽의 창방(기둥머리에서 기둥과 기둥을 연결해주는 건축 부재) 곳곳에 박혀 있다. 실록에 등장하는 덕홍전 기사는 총 16건인데, 이 중 15건이 외부 인사를 접견하는 내용이다. 그중에서 우리가 주목할 만한 사람이 있으니 바로 "데라우치 마사타케"이다.

> 순종 5년(1912) 12월 7일
> 태왕 전하가 총독 백작과 경무 총장, 총무 국장 등을 덕홍전에서 접견하다
> 태왕 전하(고종)가 총독 백작(伯爵) 데라우치 마사타케, 경무 총장 아카시 겐지로, … (중략) … 통역관 후지나미 요시쓰라를 덕홍전에서 접견하였다. 총독이 천황 폐하의 하사품인 은술잔 1조(組)와 병풍 2쌍(雙)을 바쳤다.

그런데 데라우치 마사다케가 등장하는 다른 실록기사에는 '총독'이 아닌 '통감'이라는 타이틀도 붙어있다. 이는 어떻게 된 일일까?

> 순종 3년(1910) 5월 30일
> '소네 아라스케'와 신임 통감 '데라우치 마사타케'에게 전보를 보내다

통감부에서 총독부로

우리는 여기서 일본이 조선을 식민지화하기 위하여 이 땅에 설치한

감독기관이 두 개(통감부와 총독부)가 있었음을 알 수 있다. 우선 통감부(統監府)는 1906년 2월부터 1910년 8월까지 일제가 설치한 감독기관으로 그 근거는 1905년에 체결한 을사늑약(을사조약, 제2차 한일협약)이다.

> 제3조. 일본국 정부는 그 대표자로 하여금 한국 황제 폐하 궐하에 1명의 통감(統監)을 두되 통감은 전적으로 외교에 관한 사항을 관리하기 위하여 경성(京城)에 주재하고, 친히 한국 황제 폐하에 내알(內謁)하는 권리를 갖는다.

남산 통감부 터

위와 같은 조약에 의거하여 1906년 1월 31일자로 기존의 일제 공사관(公使館)이 폐쇄되고, 통감부가 설치되었으며 초대 통감으로 그 유명한 이토 히로부미가 취임하여 조선의 식민지화를 위한 통감부 정치가 본격적으로 시작되었다. 이토의 뒤를 이어 제2대 통감으로 소네 아라스케, 그리고 제3대 통감으로 데라우치 마사타케가 부임했다. 3명의 통감을 거치는 동안 통감부는 제1차 한일협약에 의한 고문정치(顧問政治)의 뒤를 이어, 1907년 한일 신협약(정미7조약)을 통해 일제의 통감이 임명한 각 부 일본인 차관이 대한제국의 실권을 장악하고 직접 집행하는 차관정치(次官政治)를 실시했다.
 이로써 한국 정부조직 속에 일본인이 들어옴으로써 이미 반식민지화가 된 것이다. 곧이어 한국 군대를 강제로 해산하고(1907. 7) 사법권 및 감옥사무를 빼앗았으며(1909. 7), 이후 경찰권마저 박탈해버렸다(1910. 6). 이처럼 통감부는 강력한 강제력을 발휘하여 한국의 모든 자주권을 박탈하는 역할을 5년간 지속적으로 자행하였으며, 마침내 완전 병합할 기반을 굳혔다.

순종 즉위년(1907) 7월 31일
조서를 내려 군대를 해산하다
조령(詔令)을 내리기를, … (중략) … "군대를 해산할 때 인심이 동요되지 않도록 예방하고 혹시 칙령을 어기고 폭동을 일으킨 자는 진압할 것을 통감(統監)에게 의뢰하라." 하였다.

순종 2년(1909) 7월 12일
사법 및 감옥 사무를 일본 정부에 위탁하는 약정서가 작성되다

순종 3년(1910) 6월 24일
경찰 사무를 위탁하는 한일 약정서가 작성되다

'대한제국'이 다시 '조선'으로 이름이 바뀐 것은 조선총독부 때문이다

 그러다가 1910년에는 그나마 명목만 남은 대한제국의 국가체제

조선총독부 - 사진으로 보는 경복궁, 문화재청

를 강제로 해체하고 국권탈취를 단행하여 한반도를 일본의 영토로 편입시켜 버렸다. 이에 일제는 대한제국의 영토를 예전의 '조선'이라 개칭하였으며, 국가적 통치를 시행함에 따라 차관정치를 펼치던 종래의 통감부를 폐지하고, 이보다 더 강력한 통치기구를 두기 위해 조선총독부 설치령을 공포하였다. 이에 따라 조선총독부 및 소속관서의 관제가 공포되어 10월 1일부터 조선총독부의 기능이 가동되었는데, 초대 총독에는 앞서 통감으로 와 있던 데라우치 마사타케[寺内正毅]가 취임하였던 것이다.

순종 3년(1910) 10월 12일
총독 자작 부처와 태왕 전하를 접견하다

인정전에서 총독 자작(子爵) 데라우치 마사타케 부인 다키코를 접견하였다. 태왕 전하도 함녕전에서 접견하였다.

　한편 한일 간의 동화정책을 시정(施政)의 기본으로 삼았던 초대 총독 데라우치는 한국민의 저항과 반항을 막기 위해 이른바 헌병경찰정치를 통해서 철저한 무단정치(武斷政治)를 강행하였는데 그의 총독 취임사에는 '조선인은 일본 통치에 복종하든지 죽든지 하나를 선택해야 한다.'와 같은 구절이 들어있을 정도였다. 그러나 3·1운동으로 충격을 받은 일제는 조선의 통치방식을 바꿀 수밖에 없었다. 더 이상 탄압위주의 정책이 효과가 없음을 깨달은 일제는 헌병경찰제를 보통경찰제로 바꾸고, 총독부의 정책도 이른바 문화정치로 전환하였다. 그러나 경찰제도는 여전히 총독부의 한국 통치에 중추적 역할을 담당하였고, 일본패망 때까지 지속되었다.

연조
일원

함녕전

고종은
과연
독살당했나?

발병 하루 만에 사망한 고종

함녕전(咸寧殿 / 咸: 모두 함, 寧: 편안할 녕, 殿: 전각 전)은 덕수궁 내에서 고종이 침전으로 사용하던 전각으로, 1897년에 건축되어 1904년 대화재 때 소실되었으나 같은 해 12월에 중건되었는데 조선 후기 마지막 왕실 침전 건물이라는 점에서 건축사 연구에 좋은 자료이다. 이 건물은 정면 9칸 측면 4칸의 팔작지붕이며, 평면배치는 서쪽 면이 뒤쪽으로 꺾인 ㄱ자형으로 되어 있다. 건물의 평면도를 보면 경복궁의 강녕전과 마찬가지로 중앙에 정면 3칸의 대청을 두고, 그 좌우에

함녕전

각각 3칸의 온돌방을 대칭적으로 배치했는데 이런 평면배치는 궁궐의 정침(正寢)이 기본적으로 가지는 공통된 것이다. 다만 강녕전의 경우 건물의 양쪽 끝 칸에 더운 여름철을 위한 양청(凉廳) 1칸씩이 더 있고, 또한 측면도 5칸이라는 점이 다를 뿐이다.

한편 1919년 1월 21일 고종황제는 이곳에서 한 많은 생을 마감하였다.

순종 12년(1919) 1월 21일
묘시에 태왕 전하가 덕수궁 함녕전에서 승하하다
묘시(卯時)에 태왕 전하가 덕수궁(德壽宮) 함녕전(咸寧殿)에서 승하하였다. 다음날 복(復)을 행하였다.

고종은 1919년 1월 21일 새벽 6시경 함녕전에서 68세를 일기로 승하하였는데 현재까지도 고종의 사망 원인이 명확하게 밝혀지지 않았기 때문에 독살설이 끊이지 않고 있다. 수많은 조선의 왕과 왕세자들이 소위 독살설에 휘말려 있기는 하지만 그중에서도 학계에서까지 독살(살해)가능성을 인정하는 경우는 많지 않아서 단종, 소현세자, 고종 정도만이 그 대상에 포함될 수 있다. 그런데 고종의 경우는 조선인들이 아닌 일본인들에 의한 독살일 가능성이 높다.

우선, 실록을 봐도 1919년 1월 1일부터 1월 19일까지는 고종의 건강상태에 이상이 생겼다는 기록이 전혀 없다가 20일에 가서 급작스럽게 고종의 병이 깊다는 기사들이 갑자기 튀어나오더니 그 다음날 새벽 6시에 사망에 이르렀다.

> 순종 12년(1919) 1월 20일
> 태왕 전하가 아파서 전의 김영배와 총독부 의원장 '하가 에이지로'가 진료하다
> 왕비와 함께 덕수궁(고종)을 알현하다
> 태왕 전하의 병이 깊어 종척과 귀족 등을 소견하다
> 태왕 전하의 병이 깊어 동경에 있는 왕세자에게 전보로 알리다

전하는 이야기에 따르면 평소 야참으로 마시던 식혜를 마시고 잠에 들었다가 다시 깨어나 목이 마르다며 차를 마셨는데 그 뒤 복통을 호소하다가 사망에 이르렀다고 한다. 또한 고종의 시신을 염했던 사람의 증언도 나왔는데, 1919년 초까지만 해도 고종 독살설에 부

정적이었던 윤치호는 고종 시신의 염에 참여한 민영달의 증언을 전해준, 인척관계에 있던 무관출신 한진창의 말을 듣고는 입장을 바꿔 그의 일기에 독살설에 대한 상세한 기록을 남겼다.

독살설에 부정적이던 1919년 1월 26일자 윤치호 일기 중:
이태왕(李太王=고종)이 왕세자 이은(영친왕)과 나시모토 공주(이방자 여사)의 결혼식을 꼭 나흘 앞두고 승하하는 바람에 스스로 목숨을 끊은 것이라는 풍문이 나돌고 있다. 정말이지 얼토당토않은 이야기다. 1907년 황제 자리를 빼앗기고, 3년 후 나라마저 빼앗긴 굴욕을 감수한 이태왕이 이제 와서 하찮은 일에 억장이 무너져 자살했다는 게 말이 되는가? 더구나 어린 왕세자와 일본 공주의 결혼이야말로 왕실의 입장에서는 경사스러운 일이 아닌가?

독살설에 대한 한진창과 윤치호의 기록 중:
1. 이상적이라 할 만큼 건강하던 고종황제가 식혜를 마신 지 30분도 안 되어 심한 경련을 일으키다가 죽어갔다.
2. 고종황제의 팔다리가 1~2일 만에 엄청나게 부어올라서, 사람들이 황제의 통 넓은 한복 바지를 벗기기 위해 바지를 찢어야만 했다.
3. 민영달과 몇몇 인사는 약용 솜으로 고종황제의 입안을 닦아내다가 황제의 이가 모두 구강 안에 빠져 있고 혀는 닳아 없어졌다는 사실을 발견했다.

4. 30센티미터 가량 되는 검은 줄이 목 부위에서부터 복부까지 길게 나 있었다.
5. 고종황제가 승하한 직후에 간식을 올린 것으로 보이는 2명의 궁녀가 의문사 했다.

이방자 여사도 지지한 고종독살설

또한 이방자 여사도 회고록을 통해 독살설을 지지했으며, 덕혜옹주 역시 도쿄의 일본 황족과 귀족의 딸들이 다니는 학교 '여자 가쿠슈인(女子學習院)'에 강제로 유학할 때도 독살이 두려워서 항상 보온병에 담아온 물만 마셨다고 했다. 결국 고종 독살설은 3·1 운동이 일어나는 결정적인 요인으로 작용하였다. 그렇지만 고종에 대한 일반적인 인식은 재위기간 내내 무책임한 '혼군'의 이미지를 벗어날 수 없으며, 결국 마지막에 가서야 죽음으로써 겨우 민족을 뭉치게 한 것이라는 야박한 평가를 받을 수밖에 없을 것 같다.

•• 뱀의 발

역사책에서는 1919년 3월 3일 고종황제의 '인산일'에 3·1 독립운동이 일어났다고 서술하고 있다. 그런데 인산일이란 무슨 날일까? 왜 굳이 장례식 날이라고 하지 않을까?

인산(因山)이란 태상황, 임금, 황태자와 그 황후, 왕비들의 장례 등을 말하고, 인산일은 이런 장례일을 뜻한다. 옛날 중국에서는 황제의 묘를 만들 때 두 가지 방식이 있었는데, 하나는 적토위총(積土爲塚)이라고 하여 흙을 쌓아서 산처럼 큰 무덤을 만드는 방식이었다. 나머지 하나는 인산위릉(因山爲陵)이라고 하여

기존의 산을 활용하는 방식이었다. 인산위릉은 당나라 때 완성된 방식으로 기존의 산에 무덤을 썼기 때문에 굳이 무덤을 산처럼 쌓을 필요가 없다는 현실론이 반영된 것이었다. 황제의 릉을 이렇게 쓰다보니 황제의 장례를 가리키는 '인산'이라는 말이 여기서 비롯되었다.

한편 함녕전과 관련된 실록기사에서는 성인이 될 때까지 살아남은 고종의 4명의 자식들 가운데서 순종을 제외한 나머지 두 아들(영친왕과 의친왕)에 관한 기록도 보인다.

순종 4년(1911) 9월 8일
태왕 전하가 함녕전에 왕림하여 이강 공 등의 종척들의 축하를 받고 오찬을 베풀다
<u>태왕 전하가 함녕전에 나아가 이강 공(李堈公) 이희 공(李熹公) 이하 종척, 귀족, 기로(耆老) 및 이왕직 고등관(李王職高等官) 등의 축하를 받고나서 오찬을 내렸다.</u>

대체로 조선(대한제국)의 황족들은 망국의 책임과 한을 벗어나지 못한 채 숨죽이며 살아야 했다. 또한 대부분이 자의든 타의든 친일의 행적으로부터 자유롭지 못한 것도 사실이다. 그러나 최근 들어 새롭게 발굴되는 사료 등에 의해 재평가 작업이 활발한 황족이 한 명 있으니 그가 바로 의친왕(義親王=義王) 이강(李堈)이다.

「책의 발」

　친왕(親王)은 황제의 아들 중 황태자를 제외한 남자 황족에게 부여되는 칭호이다. 대한제국에서는 '의친왕', '영친왕'이 이에 해당한다. 그런데 '친왕'이 일본식 칭호이기 때문에 '친왕'에서 '친'을 뺀 '의왕' 또는 '영왕'으로 불러야 한다고 주장하는 사람이 있다. 그러나 친왕 제도는 고대 중국에서 기원을 찾을 수 있는 황제국의 제도이고, 대한제국도 이에 준하여 제도를 정했으므로 '친왕'을 가리켜 틀린 호칭이라는 주장은 잘못된 셈이다. 실제로 기록상 '의왕' 또는 '영왕'이라는 사례는 칭호가 틀렸기 때문이 아니고 단순히 '의친왕' 또는 '영친왕'을 줄여 부른 것일 뿐이다.

　역사적으로 고대 중국 중원의 왕조들은 자신들의 군주를 다른 지역의 군주나 지배자보다 우위에 있는 존재로 보았다. 본래 왕(王)이라는 용어 또한 천자(天子)의 개념으로 주(周)나라 시대까지는 중원왕조의 정통성을 갖지 않은 주변국의 군주는 사용할 수 없었으나, 전국시대에 수많은 제후들이 스스로 왕을 참칭하면서 그 가치가 추락하게 되자, 전국시대를 끝내고 중국천하를 통일한 진나라의 왕 영정(嬴政)은 왕중왕의 의미를 갖는 황제(皇帝)라는 새로운 개념을 정립하였고, 그 자신은 '처음 시작하는 황제'라는 뜻으로 '시황제(始皇帝)'라고 부르게 했다.

　그 이후 한(漢)나라 시대를 거치며 중국 내에서 왕(王)은 황제의 바로 아래 계급의 이미지로 굳어졌고, 황제가 자신의 직계 또는 방계혈족이나 고위급 공신, 지방의 실력자, 제후, 주변국의 군주 등을 지칭하거나 봉작할 때 주로 내리는 칭호가 되었다. 이것을 가리켜 왕작(王爵)이라 하는데, 과거 주(周)나라 시대부터 존재하던 오등작(五等爵=공, 후, 백, 자, 남)의 상위격(上位格) 작위인 동시에 이를 대체하는 성격도 지닌다. 왕작(王爵)도 여러 가지로 세분화되는데 평왕(平王), 친왕(親王), 군왕(郡王), 일자왕(一字王), 이자왕(二字王)의 순으로 분류된다. 시간이 흘러 한(漢)대 이후로는 오등작 중에서 백(伯)-자(子)-남(男)의 작위는 소멸하고, 대신 왕작(王爵)-공작(公爵)-후작(侯爵)의 삼등작으로 간략히 재편되었다.

고종 37년(1900) 8월 8일
친왕봉호 망단자를 둘째 황자의 칭호는 '의' 자, 셋째 황자는 '영' 자를 쓰기로 하다
의정부 의정서리 탁지부대신 조병식이, '신들이 칙지를 받들고 둘째 황자(皇子) 의화군(義和君)의 친왕(親王) 봉호 망단자(封號望單子)를 '의(義)'자와 '정(靖)'자로, 셋째 황자의 친왕봉호 망단자를 '영(英)'자와 '경(敬)'자로 의정(議定)하여 들입니다.'라고 아뢰니, 제칙(制勅)을 내리기를, "둘째 황자 의화군의 봉호에는 '의(義)'자를 쓰고 셋째 황자의 봉호에는 '영(英)'자를 쓸 것이다." 하였다.

현재 남아있는 조선왕실 후손들은 모두 의친왕 계열이다

의친왕(1877~1955)은 고종의 다섯째 아들로 순종(1874~1926)의 이복동생이며 고종의 후궁인 귀인 장 씨가 생모다. 하지만 성인이 될 때까지 생존한 자녀들만 계산한다면 순종에 이어 두 번째가 되는 셈이다. 황족들 중에서는 드물게 미국으로 유학까지 다녀와서 국제정세에 밝은 편이었다.

고종 32년(1895) 8월 25일
의화군 이강을 특파 대사에 임명하여 답례 방문을 명하다

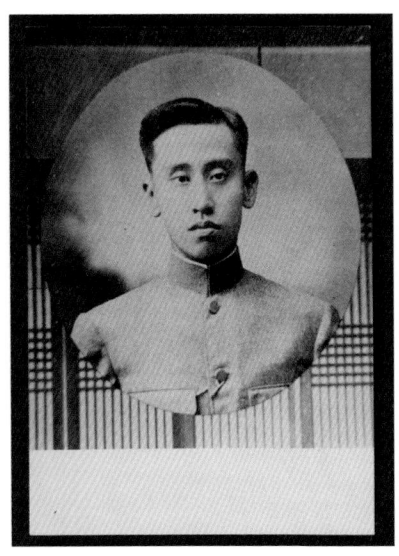

의친왕 이강 - 국립고궁박물관

의화군(義和君) 이강(李堈)을 특파 대사(特派大使)에 임용하고 이어 영국, 독일, 러시아, 이탈리아, 프랑스, 오스트리아 각국을 답례 방문하라고 명하였다. … (후략)

고종 37년(1900) 8월 17일
중화전에 나아가 황자를 책봉하다
중화전에 나아가 황자(皇子)를 책봉(冊封)하였다. 이강(李堈)은 의왕(義王)으로 삼고 이은(李垠)은 영왕(英王)으로 삼았다. … (후략)

고종 39년(1902) 8월 20일
영정모사 도감과 진전 중건 도감 등 제반 재정비용의 지출에 대하여 아뢰다
의정부에서 탁지부(度支部)의 청의(請議)한 것으로 인하여 영정모사도감(影幀摹寫都監)과 진전중건도감(眞殿重建都監)의 비용으로 28만 8,696원, … (중략) … 의친왕(義親王)이 일본에서 미국으로 갈 때의 여비로 3,000원, … (후략)

또한 고종이나 순종, 그리고 이복동생인 영친왕(英親王=英王) 이은(李

垠)과는 달리 성격이 매우 외향적이고 탕아적 기질까지 갖춘 터라 일제에 대해 결코 고분고분하지 않았다. 1910년 국권피탈 이후에는 주색에 빠진 폐인행세로 위장하여 일본의 삼엄한 감시를 피하면서 항일 독립투사들과 비밀리에 끊임없이 접촉, 교신하며 독립운동을 지원하였는데 1919년 11월 24일자 조선총독부 경무총감의 보고서에는 "(이강) 공은 즐겨 시정잡배와 왕래하였는데, 특히 금춘(今春) 독립운동의 수모(首謀) 손병희와는 몰래 회합 모의하였고, 손이 체포되자 공은 매우 낭패한 빛이 있었다고 한다."라고 쓰고 있다.

의친왕 항일행적의 절정은 '상해 대한민국 임시정부 망명시도'였다. 1919년 11월 임시정부 내무총장 도산 안창호는 비밀공작원 이종욱에게 의친왕을 상해에 있는 임시정부로 망명시킬 계획을 꾸미도록 지시하였고, 이 계획은 실행에 옮겨졌으나 일제의 감시망에 걸려 중국의 안동역(지금의 단둥역)에서 붙잡혀 강제로 본국에 송환되고 말았다. 이 사건으로 당시 황족들에게 허용되었던 한반도 내 여행의 자유를 박탈당하는 보복을 당했다. 한편 황족에 버금가는 대우를 받고 있던 '이강'이 해외망명을 하려 했다고 차마 밝힐 수 없었던 일제는 '이강'이 항일단체 대동단(大同團) 단원들의 권총 위협 때문에 마지못해 끌려갔던 것이라고 선전했다.

그럼에도 의친왕은 1920년 대동단의 전협, 동농 김가진 등과 의논하여 독립선언서를 작성하고 상하이 임시정부에 보냈는데 그 내용을 요약하면 '일본이 매국 간신들을 이용하여 우리나라를 합병하고 내 부왕(父王)과 모후(母后)를 살해한 것이오, 결코 부왕께서 병합을 긍허(肯許)하신 게 아니다. 나는 한국인의 1인인 즉 차라리 독립된 한국의 한 서민이 될지언정, 일본의 황족 되기를 불원하는 바이니 임시정부가 설립된 당지에 가서 광복을 위해 만(萬)의 일(一)이라도 보조하려 한다. 이 결심은 오직 부모의 원수를 갚기 위함과 조국의 독립 및 세계의 평화를 위함에서이다.'라고 밝히고 있다.

그러나 거기까지가 한계였다. 현실적으로 다른 방도가 없었던 의친왕은 정말 주색에 빠진 생활을 했다. 그래서 그는 정실부인에게서는 자녀가 없었지만 수많은 여인들로부터 자녀를 얻었는데 공식적으로 확인된 수만 12남 9녀다. 특히 그의 9남 이갑(李鉀)의 아들 이원(李源, 1962~)은 영친왕의 아들 이구(李玖)가 아들 없이 사망한 탓에 대가 끊어진 대한제국의 황실을 잇기 위해 이구 씨의 양자로 입적하여 지금은 대한제국 황실의 봉사손(奉祀孫)으로 대외적인 활동을 하고 있다.

고종 38년(1901) 9월 9일
함녕전에 나아가 내진연을 행하다
함녕전에서 나아가 내진연(內進宴)을 행하였다. 〔첫 번째 술잔은 황태자가, 두 번째 술잔은 황태자비가, 세 번째 술잔은 영왕(英王) 이은(李垠)이, … (중략) … 이 밖의 의식 절차는 외진연(外進宴)의 의식대로 하였다.〕 이어 야진연(夜進宴)을 행하였다.

형인 의친왕을 제치고 아우인 영친왕이 후계자가 된 까닭

한편 1901년 9월 9일자 실록기사에는 함녕전에서 벌어진 내진연(대비나 왕비 등 내빈을 모아서 베풀던 궁중잔치)에서 영친왕이 세 번째 술잔을 올리는 것으로 나와 있다. 이 잔치에서 첫 번째 술잔을 올리는 사람은 황태자(순종)이고, 다음으로는 황태자비가 두 번째 술잔을 올리며, 세 번째가 영친왕 이은이다. 이것은 은연중에 서열을 의미하는 것으로 볼 수 있다. 물론 이날 내진연에 모든 황실사람이 빠짐없이 참석했다는 전제가 없기 때문에 술잔을 올리는 순서가 곧 황실의 공식서열을 의미한다고 볼 수는 없다. 하지만 결과적으로는 그렇게 되었다.

앞에서도 잠시 언급했듯이 성인기까지 생존한 고종의 자녀들을 연령별로 보면 1874년생인 이척(李坧=순종)이 첫째이고, 1877년생인 이강(李堈=의친왕)이 둘째이고, 1897년생인 이은(李垠=영친왕)이 셋째이며, 1912년생인 덕혜옹주가 막내다. 의친왕과 영친왕의 나이 차이는 무려 20살이나 된다. 따라서 순종에게 후사가 없는 상태에서 순종의 후계자를 정해야 했는데 누가 봐도 우선순위가 가장 높은 것은 순종의 바로 아래 이복동생인 의친왕 이강이었다.

그럼에도 불구하고 이복동생 영친왕 이은이 의친왕을 제치고 후계자가 되었는데 이는 여러 이해관계가 종합적으로 고려된 탓이다. 고종의 입장에서는 흥선대원군의 지지를 받으면서 자신의 왕위를 지속적으로 위협했던 영선군 이준용(고종의 형 이재면의 장남이자, 흥선대원군의 적장손)을 견제할 필요가 있었고, 순헌황귀비 엄 씨의 입장에서는 후계서열 0순위이지만 모후(귀인 장 씨)가 사망해서 후원그룹이 약한 의친왕 이강을 눌러야만 자신의 아들인 영친왕이 보위에 오를 가능성이 있었기 때문이었다. 또한 이완용의 입장에서도 대원군의 지지를 업은 영선군 이준용이나 어디로 튈지 예측 불가능한 의친왕 이강보다는 고분고분 말을 잘 듣는 영친왕 이은이 훨씬 정권유지에 유리하다고 판단했을 것이기 때문이었다.

순종 즉위년(1907) 9월 7일
황태자를 책봉하고 축하를 받고 대사령을 반포하다
영왕(英王) 이은(李垠)을 황태자(皇太子)로 책봉하였다. … (후략)

영친왕은 종묘에 모셔진 마지막 조선 왕족이다. 현재 종묘 정전이 아닌 영녕전 제16실에 모셔져 있는데 전주 이 씨 대동종약원에서 올린 시호는 의민황태자(懿愍皇太子)이다. 시호에 근심할 민(愍) 자를 쓰는 경우는 대체로 인생이 고난과 억울한 죽음으로 점철되어 있는 경우가 많다. 이성계에게 억울하게 죽은 고려말 최영 장군의 시호가 무민(武愍), 인조에게 억울하게 맞아 죽은 임경업 장군의 시호가 충민(忠愍)이며, 조의제문을 실은 사초로 인한 무오사화로 연산군에게 사형당한 김일손의 시호가 문민(文愍)이었다. 대한제국 황족들을 다룬 책인 '제국의 후예들'에 의하면 영친왕의 시호 '의민(懿愍)'의 뜻은 '평생 동안 고난의 길을 걷다'라고 한다.

그런데 1907년 영친왕이 황태자에 책봉되었을 당시, 분명 순종 황제가 즉위한 상태였기 때문에 황태자가 아니라 황태제(皇太弟)가 되어야 했다. 마치 경종의 이복동생인 연잉군이 왕세제로 책봉되었다가 등극하여 영조가 된 것처럼 선왕의 동생이 후계자로 지명되었을 경우에는 세제 또는 태제로 부르는 것이 정상이다. 당연히 당시 유학자들은 황태제로 해야 한다며 반발했지만, 고종은 조선에서도 태종이 정종으로부터 왕위를 계승할 때에 왕세제가 아니라 왕세자 자격으로 받았다는 전례를 인용하며 황태자로 하길 고집했다.

정종 2년(1400) 2월 4일
정안공을 왕세자로 책립하여 군국의 일을 맡기다.
임금의 아우 정안공(靖安公=이방원)을 책립(冊立)하여 왕세자(王世子)로 삼아 군국(軍國)의 중사(重事)를 맡게 하였다.

그러나 영친왕에 대한 황태자 책봉조치의 이면에는 태황제로 물러난 고종의 의지가 반영되었기 때문으로 보는 것이 대체적인 시각이다. 이렇게까지 고종은 나름대로의 계획을 세웠지만 이미 자신의 의지대로 할 수 있는 일은 아무 것도 없었다. 영친왕은 황태자로 책봉된 바로 그해 사실상의 볼모로서 이토 히로부미 통감에 의해 유학이라는 명목으로 일본으로 끌려가 철저히 일본식 교육을 받았을 뿐만 아니라, 강제로 일본 방계 황족 가문의 딸인 나시모토노미야 마사코(=이방자)와 결혼까지 했다.

순종 즉위년(1907) 11월 19일
황태자를 일본국에 유학시키도록 명하다
조령(詔令)을 내리기를, "황태자에게 명하여 일본국에 유학하도록 하라." 하였다. … (중략) … 대훈위(大勳位) 통감 공작 이토 히로부미를 특별히 선발하여 태자 태사(太子太師)로 삼아서 보도(輔導)할 책임을 맡긴다. … (후략)

순종 즉위년(1907) 11월 22일
이완용을 태자 소사에 임명하다

조령(詔令)을 내리기를, "짐은 문명한 교육을 황태자에게 실시하기 위하여 이미 태사(太師)를 선발하였다. 그런데 보호하고 가르치는 의리로 볼 때 보좌해 주는 사람이 없어서는 안 되니, 총리대신 대훈(大勳) 이완용을 특별히 선발하여 소사(少師)로 삼는다." 하였다.

순종 13년(1920) 4월 28일
왕세자가 도쿄 가스미가세키 이궁에서 친영례과 합근식을 거행하다
왕세자가 도쿄〔東京〕 하관(霞關)의 이궁(離宮)에서 친영례(親迎禮: 신랑이 신부집에 가서 신부를 데리고 와 본가에서 혼례를 올리는 예식)를 행하였다. 이어 합근식(合巹式)을 행하였다.

1910년에 한일 병합조약이 체결되어 8월 29일에 공포된 메이지 천황의 조서에 따라 순종은 '황제'에서 '왕[창덕궁 이왕]'으로 격하되었으며, 이은도 '황태자'에서 '왕세자'로 격하 되었으나 일본 황족에 준하는 예우를 받게 되었다. 일본에 강제 체류하는 동안 일본 육군 사관학교 및 육군대학을 거쳐 육군 중장까지 지내기도 하였고, 일본 황족에 준하는 대우를 받았다는 것에 대해서 친일 논란이 있었다.

친일명단에서 영친왕이 빠진 이유

이에 2009년에 '친일인명사전'을 발간한 민족문제연구소는 영친왕이 사실상 볼모의 처지였다는 사실을 감안하여 친일인명사전 명단에서 제외하였다. 민족문제연구소는 "친일파에 왕공족(王公族: 한일

병합조약 이후 일제가 대한제국 황족에 대해 규정한 신분으로, 일본 황족에 준하는 것. 고종 및 순종과 그 가족을 '왕족'이라 하고, 나머지 대한제국 황족의 방계를 '공족'이라고 칭함)을 포함시킬 것인가의 여부에 대해서는 편찬위원회에서도 상당한 논란이 있었다. 논의 끝에 왕공족의 책임이 결코 가볍지 않지만 친일보다는 망국에 대한 정치적·도의적 책임을 묻는 것이 타당하다는 결론에 도달하였다. 다만 기준에 부합하는 구체적인 친일행위가 있는 경우에는 수록대상자로 선정하기로 정리되었다."고 해명하였다. 이와 더불어 "공족 중 흥친왕 이재면과 영선군 이준용, 이재곤, 이해승, 이재극 등 구체적인 매국행위를 일삼은 인사들은 친일 행적으로 사전에 수록되었으나 영친왕 이은과 이우[의친왕의 차남]는 사실상 볼모의 처지였음을 감안하여 제외하였다."고 밝혔다.

전반적으로 영친왕은 대한제국의 황태자 자리에 올랐음에도 불구하고 이복형 의친왕과는 달리 일제에 순응하는 무기력한 삶을 살았다. 어찌 보면 11살 때 일본으로 끌려간 이후 거의 평생 동안을 본인 의지와는 상관없이 반일본인으로 살았다고 해도 과언은 아니었다. 그럼에도 놀라운 것은 그토록 제약이 심한 생활 속에서 몇십 년을 일본에서 살았으나 고국으로 돌아가겠다는 희망과 의지는 놓지 않았던지 억양, 문법 모두 틀리지 않은 채 유창하게 한국어를 구사할 수 있었다는 점이다.

1945년 일본패망 후 영친왕은 한국으로의 귀환을 시도했다. 그렇지만 뜻하지 않게 대통령 이승만의 거부로 귀국이 거부되었다. 영친왕뿐만 아니라 덕혜옹주를 비롯한 일본 내의 대한제국 황족들에 대해서도 같은 조치가 취해졌다. 아마도 독립운동가 출신인 이승만

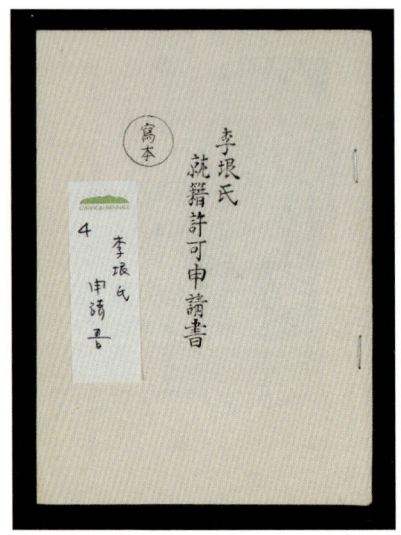

영친왕의 국적 취득을 위한 허가 신청서 사본
- 국립고궁박물관

이구 메사추세츠 공과대학 졸업사진 - 국립고궁박물관

의 입장에서는 망국의 책임이 있는 황족들에 대한 감정이 좋을 리가 없었을 것이고, 게다가 황족들의 존재 자체는 자신의 정치적 입지강화에도 부정적이라고 판단한 듯하다.

그러다 1957년, 미국에 유학가 있던 아들 이구(李玖)가 MIT 공과대학교를 졸업하게 되자 이은과 이방자 여사는 미국을 방문하였는데, 이때에도 대한민국 정부에 여권발급을 요청하였지만 발급이 이루어지지 않자, 결국 일본여권을 신청하여 사용하였다. 이는 곧 일본국적 취득을 의미했다. 따라서 영친왕의 일본국적 취득사실이 알려지자 한국 국민들 사이에선 그에 대한 반감이 더 강해졌다고 한다. 영친왕은 나중에 귀국에 도움을 준 기자 김을한을 통해 밝히기를, "국적 같은 것은 나중에 다시 쉽게 회복할 수 있을 줄로 알

왔다."고 술회하며 일본국적 취득이 자신의 실수였음을 인정했다.

하지만 이구의 대학 졸업식에 참석차 미국으로 건너간 뒤 1959년 3월 뇌경색으로 쓰러져서 다시 일본으로 돌아왔다. 그러다가 기자 김을한의 노력으로 당시 대통령 박정희가 귀국을 허락하였고, 드디어 1963년 11월 병세가 악화된 상태에서 이방자 여사와 함께 한국으로 영구 귀국했다. 그 뒤 줄곧 병상에만 있다가 1970년 5월 1일에 사망하여 아버지 고종이 묻혀 있는 경기도 남양주시 금곡동의 홍유릉(洪裕陵) 영원(英園)에 안장되었다.

정관헌

임금 앞에서
안경쓰면
사형?

서양건축기법과 동양건축기법이 아우러진 정관헌

정관헌(靜觀軒 / 靜: 고요할 정, 觀: 볼 관, 軒: 집 헌)은 석조전과 별관을 포함해서 덕수궁에서 만날 수 있는 3개의 서양식 건물 중 하나이다. 정면 7칸 측면 5칸의 로마네스크 양식으로 지었기 때문에 이국적인 냄새를 물씬 풍기는 건축물이지만 어딘지 모르게 우리의 멋이 동시에 느껴지는 건축물인데, 그 이유는 정관헌에 서양건축기법뿐만 아니라 우리 전통건축기법이 동시에 적용되어 있기 때문이다.

정관헌을 설계한 사람은 러시아 건축가인 사바틴이다. 우선 정관

정관헌 동쪽 측면

정관헌 배면 서양식 벽돌과 창문양식들

정관헌

덕수궁 실록으로 읽다
연조 일원

정관헌 내부

헌이 서양식 건물로 보이는 이유는 한옥의 처마가 드러나지 않는 건물이라는 점이다. 그리고 처마를 지지하는 부분에 설치한 기둥과 낙양각처럼 보이는 화려한 장식의 세부적인 표현 및 화려한 색채도 이국적으로 보인다. 게다가 정관헌의 뒷면에는 우리 전통건축에서는 잘 사용하지 않는 붉은 벽돌을 사용했고, 처마 안쪽에 있는 전형적인 서양식 기둥은 이 건물이 서양식 건물임을 재확인시켜 준다.

그런데도 우리 전통의 멋이 느껴지는 것은 건물의 지붕을 보면 알 수 있는데 서양에서는 사용하지 않는 팔작지붕이다. 게다가 처마를 지지하는 목재기둥 사이의 금속 난간에는 우리의 전통문양인 소나무와 사슴을 찾아볼 수 있고 심지어 목재기둥의 윗부분에는 박쥐문양까지 있다. 궁중에서 박쥐문양을 쓰는 이유는 '박쥐'를 뜻하는

정관헌의 팔작지붕

정관헌 금속 난간

정관헌 기둥 위 박쥐문양　　　　　　정관헌 난간 박쥐문양

한자와 '복'을 뜻하는 한자가 중국발음으로는 둘 다 같기 때문에 박쥐는 곧 복을 상징하게 된 것이다. 지금도 일부 중국식당에서는 붉은 글씨로 쓴 '복(福)'자를 거꾸로 매달아 놓는데, 그것은 박쥐가 거꾸로 매달려 있듯이 복이 달려 있기를 비는 뜻이다.

　정관헌은 고종황제가 다과를 들며 휴식을 취하거나 외빈을 초대해서 연회를 베풀던 장소였다. 지대도 높아서 덕수궁 내에서는 가장 전망도 좋기 때문에 건물이름도 차를 마시면서 주변을 조용히[靜] 내려다보는[觀] 집이란 뜻으로 정관헌이라고 했다. 한편 이 정관헌에는 한때 태조·고종·순종의 영정과 어진을 모시기도 했다. 그런데 그 실록기사 중에 재미있는 단어가 들어가 있으니 바로 '안경'이다.

고종 39년(1902) 6월 21일
어진과 예진을 보고 표제를 서사하다
정관헌에 나아가 황태자가 시좌(侍座)한 상태에서 친히 어진(御眞)과 예진(睿眞)을 보고 표제를 서사(書寫)하였다. … (중략) …
상이 이르기를, "대신이 아직 눈이 밝지만 섬세한 것을 보는

데서는 젊은 사람만 못할 것 같으니 안경을 끼고 볼 것이다. 여러 재신들 중 나이 많아 눈이 어두운 사람들도 안경을 낄 것이다." 하였다. … (후략)

안경 - 국립민속박물관

안경이 우리나라에 언제 들어왔는지에 대한 명확한 근거는 없지만 다만 임진왜란 때 명나라의 심유경(沈惟敬)과 일본인 중이었던 현소(玄蘇)가 나이가 많음에도 안경을 꼈기 때문에 글을 잘 읽어 많은 사람이 놀랐다는 기록으로 봐서는 임진왜란을 전후한 시기에 이미 전래되었으리라고 짐작되며, 그나마 현재까지 밝혀진 자료로 볼 때 우리나라에서 최초로 안경을 착용한 사람은 학봉 김성일로 판단된다. 또한 당시 안경은 애체(靉靆)라고도 불렸는데 그 이유는 중국에서 안경을 전한 네덜란드 사람의 이름을 따서 '애체'라고 불렸기 때문이다. 그런 이유로 안경은 중국을 거쳐서 들어왔으리라고 쉽게 추측할 수 있다.

또한 안경은 매우 비싼 물건에 속했다. 그도 그럴 것이 당시 안경테는 귀한 거북껍질로 만들었고, 안경알은 수정을 갈아서 만들었기 때문이었다. 그러다보니 안경은 곧 지위, 신분, 권위의 상징이 되어 버렸다. 따라서 안경에 대한 당시의 예법은 매우 엄격해서 자신보다 신분이 높거나 연장자 앞에서는 안경착용이 불가능했고 대중이 모인 자리에서도 안경착용은 금기사항이었다. 이는 왕도 예외는 아니었다. 실록기사에서 확인된 최초의 안경착용 임금은 정조였다. 엄청난 공부벌레였던 정조는 말년에 눈이 매우 나빠져서 안경 없이는 책을 볼 수 없는 지경에까지 이르렀다. 그럼에도 불구하고 조정 신료들과의 공식적인 자리에서는 안경을 벗었다.

정조 23년(1799) 5월 5일
서학과 이가환의 집에 증직하는 문제로 이병모와 차대하다

(전략) … 상이 이르기를, … (중략) … 나는 본래 잡된 책을 보기를 좋아하지 않는다.《삼국지》등과 같은 책도 한 번도 들여다 본 적이 없다. 평소에 내가 읽는 책은 성인과 현인들이 남기신 경전을 벗어나지 않는다. 그런데 몇 년 전부터 점점 눈이 어두워지더니 올봄 이후로는 더욱 심하여 글자의 모양을 분명하게 볼 수가 없다. 정사의 의망에 대해 낙점을 하는 것도 눈을 매우 피로하게 하는 일인데, <u>안경을 끼고 조정에 나가면 보는 사람들이 놀랄 것이니, 6월에 있을 몸소 하는 정사도 시행하기가 어렵겠다.</u> 그러나 경전에 대한 공부는 오히려 감히 게을리 하지 않는다. … (후략)

정조 23년(1799) 7월 10일
차대 때 임엽의 상소문에서 수교를 어긴 것 등에 대해 이르다

차대(次對)가 있었다. 상이 이르기를, "나의 시력이 점점 이전보다 못해져서 경전의 문자는 안경이 아니면 알아보기가 어렵지만 <u>안경은 2백 년 이후 처음 있는 물건이므로 이것을 쓰

고 조정에서 국사를 처결한다면 사람들이 이상하게 볼 것이다. … (후략)

안경 때문에 자살한 사람도 있다

안경에 관한 그런 예법 때문에 당시에는 웃지 못할 여러 가지 일들도 생겼는데 대표적인 것이 안경 때문에 자살한 조병귀(趙秉龜=조병구) 사건이다. 조병귀는 헌종의 외숙인데, 헌종의 생모이자 조대비로 잘 알려진 신정왕후가 여동생이었다. 조병귀는 평소 지독한 근시여서 자주 안경을 착용했다. 어느 날 뜻하지 않게 궐 안에서 헌종을 만나게 되었는데 그때 그는 안경을 착용한 상태였다. 헌종은 지나가는 말로 실례를 나무랐으나 문제는 그 다음이었다. 다른 날 조병귀는 입궐하여 자신의 여동생인 조대비를 만나고 있었는데 문제는 이때도 안경을 착용하고 있었다는 것이다. 아무리 대비이지만 자신의 친동생이라 방심한 탓이었다. 그러나 모후를 찾아갔던 헌종의 눈에 안경을 끼고 있던 현장이 발각되었고, 헌종은 먼젓번의 일도 있고 해서 이번에는 매우 격노했는데, 심지어 "아무리 외척의 목이라고 해서 칼날이 들지 않을까?"라는 말까지 내뱉을 정도였다. 이에 조병귀는 집으로 돌아와 고민 끝에 음독자살을 했고, 이 일로 인해 조병귀의 아버지 조만영도 시름시름 앓다가 이듬해 사망했다.

헌종 11년(1845) 11월 11일
대호군 조병귀의 졸기
대호군(大護軍) **조병귀가 졸(卒)하였다.** … (후략)

헌종 12년(1846) 10월 14일
풍은 부원군 조만영의 졸기
보국 숭록대부 영돈녕부사 풍은 부원군(豊恩府院君) 조만영이 졸(卒)하였다. … (중략) … 그 맏아들 조병귀의 죽음을 곡하다가, 드디어 병이 오래 끌어 다시는 일어나지 못하였다.

한편 안경 때문에 유배를 간 현영운 사건도 있었다. 일본공사 '오이시'는 고종을 접견할 때 안경을 쓴 채로 고종을 만났다. 그 이유로 인해 그의 통역을 맡았던 현영운은 유배를 떠나야 했다.

고종 30년(1893) 3월 19일
무엄한 행동을 한 일본관의 차비관 현영운의
배소를 금갑도로 정하다
전교하기를, "일본관(日本館)의 차비관(差備官)인 현영운은 일을 거행할 때에 무엄한 일이 많았으니, 원악도(遠惡島)에 감사정배(減死定配)하라." 하였다. 의금부(義禁府)에서 배소(配所)를 금갑도(金甲島)에 정하였다.

고종 30년(1893) 6월 13일
강녕전에 나아가 일본 공사와 해군 중장을 접견하다
강녕전에 나아가 일본 공사 오이시 마사키와 해군 중장 이토 유코를 접견하였다. 귀국(歸國)하기 때문이었다.

석조전 일원

석조전

마지막
왕손 형제를
기억하며

조선왕조에서 지은 마지막 궁궐건물이자 최초의 서양식 건물

덕수궁 내에서 가장 이국적인 건물로는 석조전(石造殿 / 石: 돌 석, 造: 만들 조, 殿: 전각 전)을 꼽을 수 있는데 원래 정식명칭은 덕수궁양관(洋館 / 洋: 큰 바다 양, 館: 집 관)이다. 서양식 건물이기는 하지만 엄연히 조선왕조에서 마지막으로 지은 궁궐 건물로 영국인 건축가에 의해 1900년(광무4년)에 착공되어 1910년(융희3년)에 완공된 우리나라 최초의 서양식 건물이다.

덕수궁 실록으로 읽다
석조전 일원

석조전

순종 6년(1913) 3월 4일
덕수궁 내의 석조전 건축 감독으로 다년간 근무한 영국인 데이비슨에게 물품을 하사하다
영국인 데이비슨(Davidson, H. W.)에게 주대정식 은제향로(周大鼎式銀製香爐) 1개와 금 500원을 증여하였는데, 이는 덕수궁 내의 석조전 건축의 감독으로 다년간 경영했으므로 기념품을 내린 것이다.

19세기 말부터 조선은 개항과 더불어 외국문물을 많이 받아들이려고 했고 건축분야도 예외는 아니었다. 그래서 경복궁집옥재와 창덕궁연경당의 선향재 등 일부 건물은 측면을 벽돌로 마감하는 청나

창덕궁 연경당의 선향재

경복궁 집옥재 – 측면을 벽돌로 마감

덕수궁 실록으로 읽다
석조전 일원

석조전 앞 서양식 분수정원

라 풍의 건물로 지어졌는데, 석조전은 완전히 서양식 건물로 지었다. 대신 전각배치는 정전(正殿)이 있는 구역으로부터 멀리 벗어난 지역에 함으로써 전체적인 궁실제도를 크게 해치지는 않았다. 한편 석조전 옆의 서관 건물은 석조전보다 29년 늦게 만들어졌는데 지금은 본관 건물과 복도로 연결되어 있으며, 그 앞의 서양식 분수정원도 서관 건물과 함께 만들어졌다. 석조전은 조선의 궁궐전각이 침전(연조)과 정전(치조)으로 분리되어 있던 것과 달리 두 가지 기능이 모두 통합된 건물이었다. 1층은 시종들의 공간이었으며, 2층은 접견실·귀빈실·홀 등 업무용 공간, 그리고 3층은 침실·욕실 등 황제의 사적 공간이었다.

본래 고종의 처소 및 사무공간 용도로 건립했지만 주로 영친왕이

영친왕 장남 이진 - 국립고궁박물관

기거했으며, 고종은 1919년 승하할 때까지 집무실과 알현실로만 사용했다. 석조전 완공 이후인 1911~1922년까지는 일본에 끌려간 영친왕의 방문시 임시숙소로 사용되었는데, 1922년에는 동경에서 태어난 영친왕의 장남이자 왕손 이진(李晉)이 이 석조전에서 만 1살도 채우지 못하고 사망했다.

순종 14년(1921) 8월 18일
왕손(王孫)이 탄생하다

순종 14년(1921) 8월 19일
이달용에게 동경에 가서 종친의 대표로써 왕손의 탄생을 축하하라고 하다

순종 15년(1922) 4월 26일
왕세자, 왕세자비, 왕손이 동경에서 돌아와 석조전에 입궐하다
왕세자(王世子), 왕세자비(王世子妃), 왕손(王孫)이 동경에서 돌아와 덕수궁(德壽宮) 내 석조전(石造殿)에 입차(入次)하였다.

순종 15년(1922) 5월 11일
왕손 이진이 석조전에서 죽다
<u>왕손(王孫) 이진(李晉)이 덕수궁(德壽宮)의 석조전(石造殿)에서 훙거(薨去)하였다.</u>

조선왕조실록에 마지막 황손 이구의 기록이 없는 까닭

영친왕은 부인 이방자 여사와의 사이에서 아들 2명을 두었지만, 왕손인 장남 이진은 허무하게도 너무 일찍 죽었다. 따라서 왕손 지위는 그로부터 9년 후인 1931년에 동경에서 태어난 이구(李玖, 1931~2005)가 물려받았다. 다만 실록이 순종 사망연도인 1926년까지만 기록(2년 후 신주의 종묘 부묘 및 어진봉안 기록 추가)하고 있는 관계로 마지막 왕손 이구에 대한 기록을 실록에서 찾을 수는 없다. 이구는 전주 이씨 대동종약원에서 추서한 사시(私諡)로 '회은(懷隱)황태손' 또는 '회은황세손'으로도 불리며, 흔히들 '마지막 황손'이라고 부르는데 그를 태손이나 세손으로 책봉해야 할 황제인 고종이나 순종 모두 죽은 뒤에 그가 태어났기 때문에 그 명칭은 원칙상 논란의 소지가 있다. 공식적으로는 영친왕의 후계자이므로 왕세자로 불리는 것이 옳다.

일본 패전 이후 영친왕의 귀국시도가 미군정과 이승만에 의해 거부되면서 이구 역시 일본에 계속 체류하며 학업을 쌓았다. 그러다가 1953년 맥아더 사령부의 배려로 미국으로 유학, MIT 공대 건축과에 입학했다. 미국 유학생활 중 그는 8년 연상인 우크라이나/독일계 미국인 '줄리아 멀록(한국명 이주아)'을 만나 알게 되었고 1959년 뉴욕시 세인트 조지 성당에서 줄리아 멀록과 결혼하였다. 이때 일부

이구와 줄리아 멀록 - 국립고궁박물관

종친들이 백인여성(심지어 혼혈인)과 결혼하는 것을 반대, 비난했음에도 결혼을 강행했다.

  이구는 박정희 정부의 승인으로 한국에 귀국하였고, 모친 이방자 여사와 함께 창덕궁 낙선재에서 생활하며 1960년대 후반까지 서울대, 연세대에 출강하기도 했다. 그러던 중 1970년 부친 영친왕(의민태자)이 사망했고, 1973년 사업까지 실패하자 일본으로 건너갔다. 그는 주로 미국 아니면 일본에서 지냈는데, 아마도 종친들과 갈등을 겪은 데다 아버지 영친왕과는 달리 한국어를 잘 구사하지 못했기 때문에 한국 적응에 실패한 듯하다. 그는 아내 줄리아 멀록과는 23년간이나 결혼생활을 유지했지만 1977년 별거에 들어갔고, 결국 1982년 이혼하게 되었다. 이혼의 원인은 자세하게 알려지지 않았지만 결혼자체는 물론, 이구의 대를 이을 아들을 낳지 못한 것에 대한 종친들의 비난이 지속되었고, 사업실패로 인한 경제적 곤란 및 이구의 외도도 한 몫을 한 것으로 보인다.

1984년에는 일본에서 사기 혐의로 피소되기도 했고 1989년에는 모친 이방자 여사마저 잃었는데, 그간 여러 차례 종약원과 종친들의 귀국 종용이 계속 있었으나 그는 거절했다. 그러다가 1996년에 영구 귀국하여 전주 이 씨 대동종약원 명예총재직을 맡았지만, 실제로는 일본에서 시간을 보내는 일이 더 많았으며 2005년 7월 도쿄 아카사카 소재 '프린스 호텔'의 한 객실에서 사망했는데, 공교롭게도 그 호텔의 자리는 1931년에 그가 태어난 출생지였다. 이구의 장례식은 조선왕조 왕실 예법으로 거행된 마지막 장례식으로 대한제국 시절 예법에 따라 창덕궁에서 장례를 치르고, 홍유릉 권역으로 운구된 후에 아버지 영친왕의 묘역인 영원 인근에 마련된 조선왕조 최후의 왕실 묘역 회인원(懷仁園)에 안장되었다.

이구는 자식 없이 사망한 관계로 실제로는 대가 끊겼다. 그러나 전주 이 씨 대동종약원은 의친왕의 손자 이원(李源. 1962~)을 이구의 양자로 입양하여 이구의 대를 잇도록 했고, 이원은 이구의 후손으로서 현재 조선왕릉이나 종묘에 대한 제사를 맡고 있는데, 전주 이 씨 대동종약원의 총재이기도 하다. 그러나 1990년 민법 개정으로 사후 양자입적은 인정되지 않고 있기 때문에 법적인 효력은 없는 상태다.

> 뱀의 발

대한민국 '마지막 세자빈' 별세… 하와이 요양원서 쓸쓸히 떠나

(2017.12.06. 조선일보 기사)

대한제국의 황태손 고(故) 이구의 부인인 '마지막 세자빈' 줄리아 리(94·본명 줄리아 멀록)가 지난달 26일 미국 하와이에서 노환으로 별세한 것으로 전해졌다. 중앙일보는 이남주 전 성심여대 음악과 교수의 말을 인용해 줄리아 리가 하와이의 요양원에서 별세했다고 6일 보도했다. 이 교수는 이구 선생의 9촌 조카다. 줄리아 리는 대한제국 최후의 황태자 이은의 외아들인 이구의 부인으로 조선왕가의 마지막 세자빈이다. 이 교수에 따르면 줄리아 리는 손전화도 못 쓸 정도로 거동이 불편해 누워만 있다가 쓸쓸하게 눈을 감았다. 이구는 대한제국 최후의 황태자인 이은과 일본인 부인 이방자 사이에서 태어난 외아들이다. 줄리아 리는 독일계 미국인으로 1950년대 후반 미국 뉴욕에서 이구를 만나 1958년에 결혼했다. 이구·줄리아 리 부부는 일본에 머물던 영친왕과 이방자 여사의 요청으로 1963년 함께 귀국해 서울 창덕궁 낙선재에 머물렀었다. 푸른 눈의 이방인 세자빈을 인정할 수 없던 종친회의 외면으로 힘든 시간을 보냈다. 후사를 잇지 못한다는 이유로 이혼하라고 강요를 받기도 했다. 더욱이 이구는 낙선재가 싫다며 집을 나가 호텔 생활을 하면서 줄리아 리와 별거 생활을 했고 1982년 결국 이혼 서류에 도장을 찍었다. 줄리아 리는 이혼 뒤 '줄리아 숍'이라는 의상실을 경영하며 복지사업을 계속하게 됐고 1995년 하와이에 새 정착지를 마련해 한국을 떠났다. 이구는 2005년 7월 16일 도쿄의 옛 아카사카 프린스 호텔에서 주검으로 발견됐고, 그의 유해가 20일 국내로 들어와 장례를 치를 때도 줄리아 리는 초대받지 못했다. 줄리아 리의 임종은 낙선재 시절 입양한 이은숙(지나 리)씨가 지켰다.

광명문

이완용보다
더 친일로
인정받은
고종의 친형

이재면이 왕이 되지 못한 이유는 흥선대원군의 야심 때문이다

 정원을 사이에 두고 석조전과 마주보고 있는 광명문(光明門 / 光: 빛 광, 明: 밝을 명, 門: 문 문)은 원래 덕수궁의 침전인 함녕전의 남쪽 대문이었다. 1904년 대화재로 함녕전이 소실될 때 이 문은 다행히도 살아남았는데, 1938년 덕수궁미술관을 개관할 때 흥천사 종과 자격루를 진열하기 위해 행각에서 분리하여 현재의 위치로 이전하는 바람에 원래 문의 기능은 상실하고 말았다. 건축적인 면에서 중화문과 비교해보면 정면 3칸 측면 2칸으로 칸 수는 양쪽이 모두 같지만 중화문

광명문

중화문

덕수궁 실록으로 읽다
석조전 일원

은 공포가 화려한 다포식인 반면, 광명문은 단순한 익공식이어서 중화문의 의장 효과가 훨씬 더 큰 것임을 알 수 있다.

그런데 1912년 9월 9일자 순종실록 기사에는 고종(태왕 전하)이 광명문 밖에 나아가 망곡(望哭: 먼 곳에서 임금이나 어버이의 상사를 당했을 때에, 곡을 할 장소에 몸소 가지 못하고 그쪽을 향하여 슬피 욺)을 하였다는 기록이 있는데 그 이유는 이희(李熹) 공이 사망했기 때문이다. 여기서 이희 공은 누구일까?

순종 5년(1912년) 9월 9일
태왕 전하와 함께 이희 공의 죽음에 곡을 하다
석복헌(錫福軒) 동쪽 뜰에 나아가 이희 공(李熹公) 상(喪)에 망곡(望哭)을 행하였다. 태왕 전하(고종)도 광명문(光明門) 밖에 나아가 망곡을 하였다.

이희(李熹, 1845~1912)는 흥친왕(興親王) 또는 이재면(李載冕)이라는 이름으로 더 널리 알려진 인물이다. 그는 흥선대원군의 장남이므로 고종의 친형이며, 영선군(永宣君) 이준용의 아버지이다. 그런데 한국민족문화대백과에 올라있는 그의 프로필에는 친일반민족행위자로 나와 있다.

흥선대원군 이하응(李昰應)은 안동 김 씨의 세도정치 기간 동안 불우한 왕족으로서의 생활을 했다. 안동 김 씨 세력은 자신들의 세도만 믿고 무려 60년에 걸쳐 왕실과 종친에 갖가지 통제와 위협을 가했는데, 특히 똑똑한 왕족과 종친들은 역모의 혐의를 씌워 제거하는데 주저하지 않았다. 따라서 이하응은 호구지책으로 시정의 무뢰배

들과 어울려 파락호(破落戶) 생활을 하였으며 심지어 안동 김 씨 가문을 찾아다니며 구걸도 서슴지 않아 '궁도령' 또는 '상갓집 개'라는 비웃음을 살 정도로 철저히 자신을 숨겼다.

그러나 뛰어난 정치적 감각으로 인해 당시 왕실의 최고 어른이었던 익종비(翼宗妃) 조대비(趙大妃)와 연줄을 맺고, 철종이 장차 후계자 없이 승하할 경우 철종의 왕위계승자로 그의 둘째 아들 명복(命福=고종의 아명)을 지명하기로 묵계를 맺었다. 이때 첫째 아들 재면이 아니라 둘째 아들 명복을 왕위계승자로 한 이유는, 재면은 19세여서 곧바로 친정(親政)을 할 나이였던 반면, 명복은 12세로 조대비와 흥선군이 충분히 섭정을 할 수 있는 어린 나이였기 때문이었다.

고종이 친형과의 관계가 나빠진 이유

이재면은 동생이 국왕(고종)으로 즉위한 덕에 이듬해에 문과에 급제하여 손쉽게 관료생활을 시작했다. 그러나 성격이 워낙 유약하고 나서는 것을 싫어하는 탓에 비교적 높지 않은 직위에 머물러 있었는데, 이로 인해 흥선대원군이 축출되고 고종과 명성황후의 친정이 시작된 이후에도 관직에 계속 남아 있을 수 있었다. 한편 일선에서 밀려난 흥선대원군은 정치적으로 재기하기 위해 여러 차례에 걸쳐 측근들 및 청나라의 위안스카이 등과 결탁하여 고종을 폐위시키고 이재선(흥선대원군의 서장자), 이재면(적장자), 이준용(이재면의 장남) 등을 옹립하려 했지만 번번이 실패로 돌아갔다. 왕위를 위협하는 이런 일련의 사건들이 연이어 터지자 비록 친형제 사이라도 흥친왕 이재면과 고종 간의 관계는 소원해질 수밖에 없었다.

덕수궁 실록으로 읽다
석조전 일원

게다가 흥선대원군의 사후, 이재면은 고종으로부터 철저히 외면 당했다. 대한제국 수립 직후 고종의 세 아들이 완친왕, 의친왕, 영친왕에 바로 임명된 것에 비해 이재면은 대한제국이 선포된 지 4년 만에 완흥군(完興君)에 봉해져서 겨우 군 작위를 받았고, 14년 만에야 흥친왕이 되었을 정도였다. 따라서 생계가 곤란한 지경에까지 이르게 되었고, 일제는 이 틈을 타 이재면에게 생활비를 지급하며 왕족으로 예우함과 동시에 그를 회유하여 결국 그는 비록 소극적이었지만 친일파에 합류하게 되었다.

고종 37년(1900) 5월 4일
이재면을 완흥군에 봉하다
정1품 이재면(李載冕)을 완흥군(完興君)에 봉(封)하였다.

순종 3년(1910) 8월 15일
이재면을 흥왕으로 책봉하다
조령(詔令)을 내리기를, "완흥군(完興君) 이재면(李載冕)은 황실 의친(懿親)으로 처지가 특별하니 응당 진봉(進封)의 거조(擧措)가 있어야 할 것이다. 특별히 흥왕(興王)으로 봉(封)하고 완흥군부인 이 씨(李氏)는 흥왕비(興王妃)에 봉하라." 하였다.

1910년 8월 22일 한일합병조약 체결에 관한 회의에서 대한제국 황족 대표로 참석해 조약 체결에 동의하는 데 가담하였고, 한일합방 직후에는 일제로부터 83만 엔이라는 거액의 돈을 은사금 명목으로 받았는데 이는 친일파 중에서도 최고의 금액으로, 대표적인 친일파 이완용이 받은 15만 엔과 송병준이 받은 10만 엔과 비교할 수도 없는 거액이었다.

중국 종을 품에 안은 한국 종

광명문 안에 전시되어 있는 흥천사 종(보물 제1460호)은 조선 세조 8년에 태조의 후비였던 신덕왕후(神德王后) 강 씨를 추도하기 위해서 만들어졌다. 흥천사 종은 고려 말부터 수용된 중국 종의 양식과 함께 한국의 전통 종에서 보였던 형식과 요소들이 합쳐져서 새로운 조선전기의 종으로 정착되는 과정을 잘 보여주는 범종이다. 그렇기 때문에 이후에 만들어지는 조선전기 범종의 기준 중의 하나가 되는 작품이라는 점에서 흥천사 종은 다른 조선전기 범종의 발전과정을 비교분석 할 수 있는 기념비적인 작품이다. 흥천사 종에는 한국 종에서만 볼 수 있는 음관이 없다. 또한 종모양이 전체적으로 배흘림기둥처럼 아래로 내려오면서 종의 폭이 넓어지다가 2/3 지점에서 가장 넓어진 후 다시 종의 폭이 좁아지는 것도 없는데 이런 현상은 모두 중국 종 문화가 수입되면서 생긴 것이다.

흥천사 동종

•• 뱀의 발

우리나라의 전통 종이 중국이나 일본의 종과 다른 특징

성거산 천흥사명 동종, 원통 - 국립중앙박물관

성덕대왕신종 음관, 단룡 - 국립경주박물관

　　한국 종은 중국이나 일본 종과 비교했을 때 우아하고 안정된 외형을 지니고 있으며 특히 종소리가 매우 은은하고 맑다. 한국 종은 최정상부에 종을 매달기 위한 장치로 한 마리의 용이 생동감 있는 자세로 허리를 잔뜩 구부린 단룡(單龍)을 사용하는 데 비해, 중국이나 일본의 범종은 쌍룡(雙龍)을 사용하는 것이 일반적이다. 또한 전 세계에서 유일하게 한국 종에서만 볼 수 있는 것으로서 종의 정상부분에 있는 대나무 형태의 원통(음관)을 꼽을 수 있다. 학계에서는 이것을 만파식적(萬波息笛: 이 피리를 불면 나라의 모든 근심과 걱정은 해결되고, 쳐들어오던 적군은 물러갔다고 함) 설화와 연관하여 신라의 3대 국보 중 하나였던 신령스런 피리(神笛)의 형태를 형상화한 것으로 보고 있다. 한편 한국 종에는 종의 최상부를 한바퀴 감는 띠[견대(肩帶)] 바로 아래쪽 네 곳에 유곽(乳廓=연곽蓮廓)이라고 부르는 네모난 테두리가 있는데 그 속에 3단 3열로 총 9개의 유두(乳頭=연뢰蓮蕾)가 달려있다. 그러나 중국 종에서는 그런 것을 전혀 찾아볼 수 없고, 일부 일본 종에서는 볼 수가 있지만 한국 종처럼 규격화되거나 유두의 숫자가 일정하지 않다. 이런 특징으로 인해 한국 종은 코리안 벨(Korean Bell)이라는 '학

성거산 천흥사명 동종(유곽, 유두) - 국립중앙박물관   성덕대왕신종(유곽, 유두) - 국립경주박물관

명'을 가지고 있을 정도로 세계적으로 그 독창성과 가치를 인정받고 있다.

에밀레종 설화의 최초 기록은 삼국유사나 삼국사기가 아니라 조선총독부 기관지였다.

　종을 주조할 당시 어린아이를 넣었다는 에밀레종(성덕대왕신종, 국보 제29호) 설화는 거의 모든 국민들이 알고 있다. 이런 종류의 설화를 통칭하여 인신공양 설화라고 하는데 중국과 한국 같은 동아시아 문화권에서는 흔히 접할 수 있는 소재의 설화이다. (예를 들어 심청전도 인신공양 설화의 변형으로 볼 수 있다.) 그런데 더욱 놀라운 사실은 이 에밀레종 설화에 대한 최초의 기록이 삼국유사나 삼국사기가 아니라 일제강점기 때가 되어서야 보인다는 사실이다. 1925년 8월 5일자 조선총독부 기관지 매일신보의 창작문예란에 염근수라는 작가가 '어밀네 종'이란 창작

동화를 발표했는데, 얼마 후 이 동화를 뼈대로 하여 현대적인 희곡이 만들어졌고 극장에서 연극으로 공연되기에 이르렀으며, 이후에 급속도로 에밀레종 설화가 대중 속으로 퍼져나갔다. 이는 아마도 동아시아에서 흔한 소재였던 인신공양설화가 성덕대왕신종이라는 특정 대상물과 결합한 뒤 상호 간에 시너지 효과를 발휘한 것으로 보인다. 이와 비슷한 예로 부여 낙화암의 삼천궁녀 설화를 들 수 있는데 이 역시 일제강점기 때 만들어진 낙화삼천이라는 대중가요 때문에 대중들의 머릿속에 각인된 사례이다. 그 어느 역사책에도 삼천궁녀의 존재는 없다.

[참고로, 에밀레종 희곡은 친일극작가 함세덕(1915~1950)에 의해 만들어졌는데 에밀레종을 만들기 위해 쇠붙이를 공양하는 설화내용이 당시 태평양전쟁을 수행중이던 일제가 전쟁에서 사용될 물자의 공출장려 정책과 맞물려 적극적으로 이 연극을 후원했다는 지적도 있다.]

그런데 홍천사는 정릉사(貞陵寺)라고도 불렸는데 태조 이성계가 두 번째 부인 신덕왕후 강 씨의 명복을 빌기 위해서 세운 절[원찰]이었기 때문이다. 야사에 따르면 태조는 홍천사의 종소리를 들어야만 수라상의 수저를 들었다고 할 정도였다고 한다. 그러나 광명문에 전시된 홍천사 동종은 조선전기의 범종을 대표하기는 하지만 세조 8년인 1462년에 만들어졌기 때문에 홍천사가 만들어질 당시의 종은 아니며 따라서 태조 이성계가 들었던 종소리의 주인공은 더더욱 아니다. 그 후 홍천사는 화재로 소실되고 범종만 지금의 동대문과 광화문의 종루로 옮겨졌다가 일제강점기 때 또다시 창경궁으로 옮겨졌으나 그 후에 현재의 위치로 옮겨왔다.

태조 5년(139) 8월 13일

현비가 이득분의 집에서 훙하다

밤에 현비(顯妃=신덕왕후 강 씨)가 이득분의 집에서 훙(薨)하였다. 임금이 통곡하고 슬퍼하기를 마지아니하였고, 조회(朝會)와 저자[市]를 10일간 정지하였다.

태조 6년(1397) 2월 19일

정릉에 거둥하여 흥천사 역사를 둘러보다.

정릉(貞陵)에 거둥하여 흥천사(興天寺)의 역사를 살폈다. 임금이 처음에 정릉에 절을 세운 것은 조석의 향화(香火)만을 받들기 위함이었는데, 환자(宦者) 김사행이 잔재주와 영리한 것으로 예쁘게 보이기를 구하여 사치와 화려한 것을 극진히 하였다.

알맹이는 없고 껍데기만 남은 자격루

광명문에 전시된 국보 제229호 자격루(自擊漏 / 自: 스스로 자, 擊: 칠 격, 漏: 물샐 루)는 자동 시보장치가 붙은 스스로 움직이는 물시계로 세종 16년(1434) 6월에 장영실이 만든 것이다. 비교적 구조가 간단한 해시계는 구름이 끼거나 해가 없는 밤에는 사용하지 못한다는 치명적인 단점이 있다. 이 점을 극복하고자 한 것이 바로 물시계다. 물시계는 한자로 누각(漏刻), 각루(刻漏) 또는 경루(更漏)라고도 하는데 공통적으로 쓰인 한자가 물샐 루(漏)여서 물시계의 특성을 잘 보여주고 있다. 또한 국가 표준시를 알린다는 뜻으로 보루(報漏), 아무나 접근할 수 없는 궁궐 속에 있으므로 금루(禁漏), 임금이 사용하기 때문에 옥루(玉漏)라고도 불렀다.

광명문에 전시되어 있는 자격루

물시계의 구조를 간단히 살펴보면 크게 3부분으로 나뉘는데 물 항아리인 누호(漏壺), 누호 속에서 부력으로 상승하는 역할을 하는 배인 전주(箭舟), 그리고 전주의 등에 꽂혀 있는 눈금이 매겨진 화살인 누전(漏箭=浮箭=살대)으로 구성된다. 또, 누호는 물을 흘려보내는 파수호(播水壺)와 물이 흘러 들어오는 수수호(受水壺)로 나뉜다.

자격루 모형 - 국립고궁박물관

자격루 파수호(播水壺) - 국립고궁박물관

자격루 수수호(受水壺) - 국립고궁박물관

세종 16년(1434) 7월 1일
새로 만든 누기의 구조와 원리 및 보관 장소와 누기 명의 내용

이날부터 비로소 새 누기(漏器)를 썼다. 임금이 예전 누기가 정밀하지 못한 까닭으로 누기를 고쳐 만들기를 명하였다. 파수용호(播水龍壺)는 넷인데, 크고 작은 차이가 있고, 수수용호(受水龍壺)는 둘인데, 물을 바꿀 때에 갈아 쓴다. 길이는 11척 2촌이고, 둘레의 직경은 1척 8촌이다. 살대[箭]가 둘인데, 길이가 10척 2촌이고, 앞면에는 12시(時)로 나누고, 매시는 8각인데, 초(初)와 정(正)의 여분이 아울러 1백각이 된다. 각은 12분으로 나눈다. 밤의 살대[箭]는 예전에는 21개가 있었는데, 한갓 바꾸어 쓰기에만 번거로우므로, 다시 수시력(授時曆)에 의거하여

낮과 밤에 오르고 내리는 것으로 구분하여, 이기(二氣)로 요약하여 살대[箭] 한 개를 당하게 하니, 무릇 살대[箭]가 12개이다. 간의(簡儀)와 참고하면 털끝만치도 틀리지 아니한다. 임금이 또 시간을 알리는 자가 차착(差錯)됨을 면치 못할까 염려하여, <u>호군(護軍) 장영실(蔣英實)에게 명하여 사신 목인(司辰木人)을 만들어 시간에 따라 스스로 알리게 하고, 사람의 힘을 빌리지 아니하도록 하였으니, 그 제도는 아래와 같다.</u> … (후략)

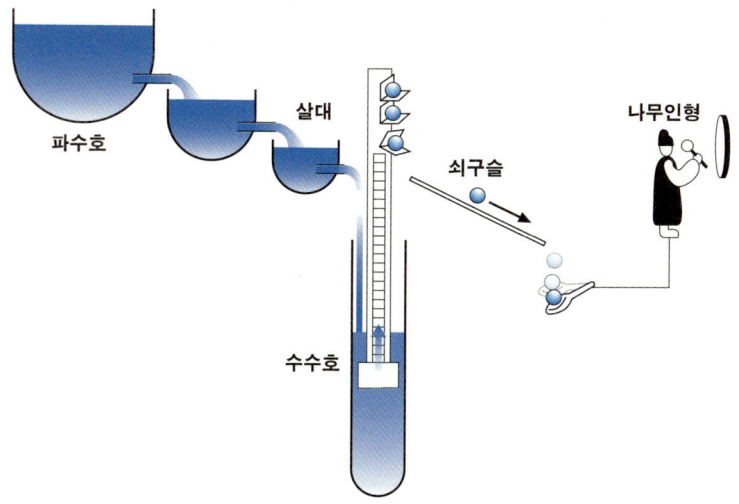

물시계의 원리

물시계의 원리는 의외로 간단하다. 일단 높은 곳에 놓여있는 파수호에 채워진 물이 파수호 밑의 구멍을 통과하여 일정한 수량만큼 지속적으로 수수호 속으로 흘러 들어가면 수수호의 수면은 점차로 높아지는데, 이때 눈금을 매긴 잣눈으로 물의 증가량을 측정하여 시간을 알아낸다. 너무나도 당연한 이야기지만 물의 증가량을 알기 위해서는 수수호는 반드시 지름이 균일한 원통으로 만들어야 한다. 그런데 옛날에는 지금의 유리처럼 투명한 재료가 없었기 때문에 수수호(受水壺)의 수면 높이를 밖에서 직접 눈으로 확인할 길이 없었다. 따라서 수수호 속에 전주(箭舟)라는 배를 띄우고 그 배의 등에는 눈금이 매겨져 있는 화살인 누전(漏箭=浮箭=살대)을 꽂아 둔다.

시간이 흐름에 따라 수수호 속 수면이 서서히 높아지면 배가 부력으로 인해 위로 올라감에 따라 등에 꽂힌 화살을 서서히 밀어 올린다. 이때 물시계 속에서 흐르는 물(누수=漏水)의 속도는 파수호에서의 수압에 관계되는데, 수압은 파수호의 수심에 비례하므로 유속을 일정하게 하기 위해 파수호를 계단식으로 여러 개로 나누어 설치하면 수압을 일정하게 유지할 수 있고 정확한 시각을 측정할 수 있다.

자격루의 큰 파수호는 직경 93.5cm 높이 70cm, 작은 파수호는 높이 40.5m이며, 수수호는 직경 37cm 높이 199cm인데 지금 중국 광동에 남아있는 명대(明代)의 물시계보다 제작연대는 조금 뒤지지만 규모에 있어서는 세계에서 제일 크고 만든 솜씨도 뛰어나 국보 제229호로 지정되어 있다. 그런데 덕수궁 자격루는 아무리 봐도 전혀 물시계 같지가 않다. 그 이유는 원래 자격루의 구성부분 중에서 물을 공급해 주는 부분만 현재 남아있고, 동력전달장치와 시보장치가 빠져있기 때문이다.

현재 광화문의 서쪽에 있는 국립고궁박물관에는 1층 제6전시실(천문과 과학-1)과 지하1층 제11전시실(천문과 과학-2)의 일부를 통층으로 만들어 자격루를 복원, 전시하고 있는데, 작동원리는 아래와 같다.

① 위에는 물을 흘려보내는 파수호(播水壺)를 놓고, 아래에는 물을 받는 수수호(受水壺)를 놓는다. 항아리(壺)의 중간에는 길이 3.5m, 너비 18 cm, 깊이 12cm의 네모진 나무를 꽂아 물이 흘러가게 한다. 이때 파수호를 계단식으로 여러 개를 놓아 일정한 양의 물을 정확히 흘려보낸다.

② 수수호의 수면이 점점 높아지면 부력에 의해 눈금을 매긴 살대(漏箭=浮箭)가 점점 떠오른다. 이때 살대는 2시간 간격으로 작은 쇠구슬을 건드려 떨어뜨린다.

③ 시보 장치로 굴러 들어온 작은 쇠구슬은 도미노처럼 연쇄적으로 조금씩 더 큰 쇠구슬들을 밀쳐 떨어뜨리게 된다.

④ 최종 시점에서 아래로 떨어진 가장 큰 쇠구슬은 숟가락 모양의 막대를 누르게 된다. 그러면 막대가 인형의 팔뚝을 건드려 종이나 북, 징을 쳐서 소리로 시간을 알린다.

⑤ 숟가락 모양의 막대를 누르고 통과한 가장 큰 쇠구슬은 다시 지렛대 위로 떨어진다. 그에 대한 반작용으로 시각이 표시된 12지신 시보 인형이 튀어 올라와 몇 시인지를 알려 준다.

실제 위력보다 상징성이 강했던 신기전

한편 광명문 밑에 흥천사종과 자격루와 더불어 가장 왼쪽 편에 전시되어 있는 것은 신기전화차(神機箭火車) 또는 신기전기화차(神機箭機火車)로 불리는 신기전(神機箭) 발사대다. 신기전은 간단히 말해 로켓추

광명문에 전시되어 있는 신기전기화차

진 화살인데 고려 말에 최무선에 의하여 제조된 '달리는 불'이라는 뜻의 주화(走火)가 1448년(세종 30) 개량된 것이다.

세종 30년(1448) 12월 6일
의정부에서 각색 총통전 제조법 및 총통 방사법 등에 대해 상신하다
의정부에서 병조의 정문(呈文)에 의거하여 상신하기를, "각색(各色) 총통전(銃筒箭)을 제조하는 법 및 총통을 방사(放射)하는 기계의 수와 이습 절차(肄習節次)를 마감(磨勘)한 뒤에, 상항(上項)의 총통 기계를 기록하여, 군기감(軍器監) 및 각 영진(營鎭)과 연변(沿邊) 주현(州縣)의 각 포(浦)에 치부(置簿)하여 신구관(新舊官)이 교대할 때에 해유(解由)하여 전장(傳掌)하게 할 것입니다. … (중략)

… 팔전총통(八箭銃筒)·사전총통(四箭銃筒)·장총통(長銃筒)·세총통(細銃筒)·중소신기전(中小神機箭)은 양계(兩界)에는 매년 한 번씩, 그 나머지 여러 도에는 2년마다 한 번씩 쏘기를 연습할 것입니다. … (후략)

신기전은 크기와 용도에 따라 대신기전(大神機箭)·산화신기전(散火神機箭)·중신기전(中神機箭)·소신기전(小神機箭) 등으로 나뉘는데 이중 대신기전과 산화신기전은 사정거리가 1~2km로 추진역할을 하는 약통 이외에도 별도의 폭발물이 장착된 반면, 중신기전과 소신기전은 사정거리가 100~150m로 별도의 폭발물 없이 화살과 약통으로만 구성되어 있다. 또한 중신기전과 소신기전의 발사는 1개씩 빈 화살통 같은 곳에 꽂아 발사했으나 1451년(문종 1년) 화차가 제작된 이후로는 화차 위에 설치된 발사틀인 신기전기(神機箭機)에서 주로 발사하였다. 또한 화차와 발사틀인 신기전기는 분리가 되는 것으로 평상시에는 수레로 사용하다가 유사시에는 결합하여 신기전화차로 사용토록 했다.

문종 1년(1451) 2월 13일
화차를 만들어 서울 및 평양·안주 등에서 쓰게 하다
이보다 앞서 임금이 임영 대군 이구(李璆)에게 명하여 화차(火車)를 제조하게 하였는데, 그 차 위에 가자(架子)를 설치하고 중신기전(中神機箭) 1백 개를 꽂아 두거나, 혹은 사전총통(四箭銃筒) 50개를 꽂아 두고 불을 심지에 붙이면 연달아 차례로 발사하게 되었다.

… (중략) … "화차(火車)는 본시 적을 막는 기구이나 보통 때에 쓰지 아니하면 반드시 무용지물이 되어 스스로 허물어질 것이니, 마땅히 일이 없을 때에는 각사(各司)에 나누어 주어서 여러 가지 물건을 운반하게 하고, 만일 사변이 있거든 화포(火炮)를 싣고 적을 방어하게 함이 가하였다. 서울 및 평양·안주 등지에 수(數)를 정하여 만들어 쓰게 함이 어떻겠는가? 의논하여 아뢰어라." … (후략)

문종 1년(1451) 2월 20일
화차 제조하는 법을 논의하다
의정부·병조당상·삼군도진무·군기감제조 등이 모화관(慕華館)에 모여서 화차(火車) 쏘는 상황을 보고 제조 이사임이 여러 신하의 합의로써 와서 계문하기를, "화전(火箭) 제도가 매우 편리하고 유익하니 다만 화차 좌우에 방패를 달아서 불을 붙여 놓는 사람의 몸을 감추는 곳을 만들고 신기전 가자(神機箭架子) 및 전혈(箭穴=화살구멍)을 쇠로 장식하여 화재를 막게 함이 어떠합니까?" 하니, 곧 이사임으로 하여금 아뢴 바에 의하여 제조하게 하였다.

왕조시대의 전쟁환경 속에서 로켓원리로 추진되는 신기전의 존재는 자체의 물리적인 위력보다도 심리적인 위력이 더 강했다. 대신기전과 산화신기전은 별도의 폭발물로 적을 무력화시키는 효과가 있었다고는 하지만 실제 파괴력과 살상효과는 미미했으며, 중신기전과 소신기전 역시 직접적인 타격보다는 적을 혼란에 빠뜨리는 목적이 더 강했다. 영조시대 이인좌의 난을 평정할 때도 신기전은 매우 효과적으로 적의 사기를 꺾는데 위력을 발휘했다.

영조 4년(1728) 3월 23일
오명항이 안성에서 적군과 싸워 크게 이기다

… (전략) … 적도들도 단지 대군(大軍)이 직산(稷山)으로 향한 줄만 알았지 진을 안성으로 옮긴 줄은 모르고 어두운 가운데 안성군의 진(陣)인 줄 잘못 알았기 때문에 원근을 구별하지 못해 포(砲)와 화살을 어지러이 쏘았으나 다 미치지 못했던 것이었다. 그러다가 갑자기 대군이 쏜 신기전(神機箭)을 보고서야 비로소 경영(京營)의 군사가 온 것을 알고 놀라고 겁에 질려 물러나 도망하니, 위협에 못 이겨 따른 무리는 이때 대부분 도망해 흩어지고, 적의 괴수 이인좌·박종원 등은 4, 5초(哨)의 병력을 거느리고 청룡산 속으로 물러가 둔을 치고 죽산(竹山)의 군사가 오기를 기다렸는데, 대군도 적이 둔을 친 곳을 알지 못하였다. … (후략) …

덕수궁 밖 문화재

환구단

밖으로는 왕,
안으로는
황제의
이중성 극복

외왕내제(外王內帝)란 무엇인가?

환구단(圜丘壇 / 圜: 두를 환, 둥글 원 丘: 언덕 구, 壇: 단 단)은 대한제국시대 때 황제(천자)가 하늘에 제사를 드리던 제단이다. 환구단의 한자표기와 독음이 여러 기록에서 '환구단'과 '원구단'이 줄곧 혼용되어 왔으나 2005년 문화재청에서 고종실록과 독립신문의 기록에 따라서 '환구단'으로 통일했다. 중요한 것은 환구단이 되었건, 원구단이 되었건, 이는 모두 둥글다는 것을 의미한다는 사실이다. 왜냐하면 이곳은 하늘에 제사를 지내는 곳이기 때문에 천원지방 사상에 의하여 하늘을

환구단 - 한국관광공사

상징하는 둥근 모양을 시설물의 구조에 반영했기 때문이다. 환구단은 1897년 고종이 대한제국을 선포하면서 황제의 대표적인 상징물로 만들어졌다.

고종 34년(1897) 10월 1일
원구단을 설치할 장소를 간심하다

장례원 경(掌禮院卿) 김규홍이 아뢰기를, "신이 영선사장(營繕司長) 이근명과 함께 상지관(相地官) 오성근을 데리고 원구단(圜丘壇)을 설치할 장소를 간심(看審)하니, 남서의 회현방(會賢坊) 소공동계(小公洞契)의 해좌사향(亥坐巳向)이 길하다고 하였습니다. 여기에 경계를 정하여 단(壇)을 쌓는 절차를 영선사(營繕司)로 하여금 빨리 거행하도록 하는 것이 어떻겠습니까?" 하고, 또 아뢰기를, "원구단에 단을 쌓는 공사를 시작할 길일 및 위판(位版)과 종향 위패(從享位牌)를 만드는 길일은 음력 9월 7일로 정하며, 그 조성하는 절차를 봉상사(奉常司)로 하여금 전적으로 맡아서 거행하도록 하는 것이 어떻겠습니까." 하니, 모두 윤허하였다. …
(후략)

그런데 조선에서 하늘에 제사를 지낸 것은 고종임금이 처음은 아니었다. 실록을 보면 태조 때부터 가뭄이 심할 때에는 '종묘, 사직 그리고 원단(圓壇=환단)에서 비를 빌었다'는 기록이 보이는데 여기서 말하는 원단은 곧 하늘에 제사를 지내는 곳을 뜻한다. 그렇다고 지금의 환구단은 아니고, 지금의 한남동 부근으로 추정이 되는데 아무튼 황제국이 아닌 우리도 하늘에 제사를 지냈다는 뜻이 된다. 이는 외왕내제(外王內帝)의 전통 때문이다.

•• 뱀의 발

외왕내제(外王內帝) 제도는 중국과의 외교문제로 인해 나타났는데 대외적으로는 자국의 군주를 왕(王)으로 칭하지만 속내는 황제로 내세우는 이중체제다. 즉 대외적으로는 중국의 화이론(華夷論) 체제를 따르면서 동시에 내부적으로는 황제에 준하는 칭호나 체제를 갖추는 것을 뜻한다. 대표적인 것이 고려였다. 고려는 초창기부터 임금이 자신을 부르는 호칭은 짐(朕), 임금의 명령은 조서(詔書), 임금의 호칭은 폐하(陛下), 임금의 아들은 태자(太子)로 정하는 등 황제국의 면모를 갖추었다. 그 뿐만 아니라, 조(祖), 종(宗)으로 끝나는 묘호와 연호를 사용하며 고려가 천하의 중심임을 선포했다. 하지만 송나라와의 외교마찰을 줄이기 위해, 외부적으로는 국왕(國王)을 칭하기도 하였다. 이렇게 성립된 외왕내제 체제는 고려말 원나라의 침입으로 원간섭기에 접어들 때까지 3백년 가까이 유지되었다. 원나라는 고려복속 후 고려의 태자가 원나라 공주와 결혼하도록 하였으며, 원나라의 부마국에 걸맞게 고려의 체제를 바꾸었다. 원나라의 간섭으로 인해 임금의 호칭은 폐하에서 전하(殿下)로, 임금의 아들은 태자에서 세자(世子)로 낮추어 부르게 되었다. 또한, 원나라는 묘호에 조(祖), 종(宗)을 사용하는 것은 황제의 전유물이라 하여 금지시키고, 대신 원나라에 대한 충성심을 보이기 위해 앞에 충(忠) 자를 붙이고 제후국을 뜻하는 왕(王)으로 쓰도록 하였다. 태조 왕건 이후 모두 종(宗)으로 끝나던 고려왕들의 묘호가 25대 충렬왕부터 34대 공양왕까지 왕(王)으로 바뀐 이유가 바로 이 때문이다.

태조 혜종 정종 광종 경종 성종 목종 현종 덕종 정종 문종 순종
선종 헌종 숙종 예종 인종 의종 명종 신종 희종 강종 고종 원종
충렬왕 충선왕 충숙왕 충혜왕 충목왕 충정왕 공민왕 우왕 창왕 공양왕

그렇지만 시간이 흐르면서 중국에 대한 사대사상이 강화되었는데 조선의 조정에서는 조선의 국왕이 천자가 아닌 제후국의 왕으로서 하늘에 제사를 지내는 천제(天祭)를 거행하는 것이 합당하지 않다는 논의가 여러 차례 있었고 그 이후 여러 차례 제천단을 폐한 일이 있었던 것으로 기록되어 있다.

태조 3년(1394) 8월 21일

원구단의 제사는 폐지하지 않고 이름만 원단으로 고치다

예조에서 아뢰었다. "우리나라에서는 삼국 시대 이래로 원구단(圜丘壇)에서 하늘에 제사를 올리고 기곡(祈穀)과 기우(祈雨)를 행한 지 이미 오래 되었으니, 경솔하게 폐할 수 없습니다. 사전(祀典)에 기록하여 옛날 제도를 회복하되 이름을 원단(圜壇)이라 고쳐 부르기 바랍니다." 임금이 그대로 따랐다.

태조 7년(1398) 4월 21일

종묘·사직·원단과 용추에 비를 빌다

종묘(宗廟)·사직(社稷)·원단(圜壇)과 여러 용추(龍湫: 폭포가 떨어지는 바로 밑에 있는 웅덩이)에 비를 빌었다.

고종 2년(1865) 11월 11일

예조 판서 김병국이 해당 분야의 별자리에 제사를 지낼 것을 아뢰다

예조 판서 김병국이 올린 상소의 대략에, "신이 가만히 생각하건대, 귀신을 섬기는 것은 성인들의 가르침이고 전장(典章)을 닦아 밝히는 일은 밝게 다스려진 시대에 행해야 할 일입니다. 우리나라는 신라(新羅)·고려(高麗) 시대부터 제천 의식(祭天儀式)이 있었는데 우리 태종(太宗) 때에 이르러 마침내 원구단(圜丘壇)의 제사를 폐지해 버렸습니다. 원구단의 제사를 지낼 수는 없으나 해당 분야의 성신(星辰)에 대해 제사를 지냈다는 근거는 매우 많이 있습니다. … (후략)

자격루와 환구단의 공통점은 핵심이 없다는 것이다

환구단 전경 - 서울대학교박물관

　그런데 현재 남아 있는 환구단은 원래의 환구단 전체의 모습을 보여주는 것이 아니다. 원래 환구단은 매우 큰 종합 건축물로서 지금 남아있는 황궁우(皇穹宇)는 원래 환구단 시설 중의 한 부속건물에 지나지 않았다. 구한말의 환구단 사진을 보면 화강암으로 된 3층의 거대한 둥근 석단 위에 중앙 상부에 금색으로 칠한 원추형 지붕의 원구(圜丘)가 중심건물이었음을 알 수 있다. 그곳에는 여러 신들을 모셨는데 가장 중요한 신으로는 1층 북동쪽에 모셔진 '하늘의 신' 황천상제(皇天上帝)와 1층 북서쪽에 모셔진 '토지의 신' 황지기(皇地祇)였다. 그 뒤 1899년 원구의 북쪽에 부속건물인 황궁우(皇穹宇)를 건립하면서 신위판을 봉안할 때 태조 이성계를 추존하여 태조 고황제(太祖

高皇帝)로 삼았고, 이로 인해 '하늘의 신'과, '땅의 신'에다가 '인간의 신'인 태조를 추가함으로써 '천지인'이 완성되도록 하였다.

고종 36년(1899) 12월 22일
태조 고황제를 추존하여 배천하다
태조 고황제(太祖高皇帝)를 추존(追尊)하여 배천(配天)하고, 이어 원구단(圜丘壇)에서 배천대제 겸 동지대제(配天大祭兼冬至大祭)를 지냈다. 황태자가 배참(陪參)하였다.

그렇지만 1913년 일제에 의하여 원래의 환구단이 헐리게 되었다. 왜냐하면 일본의 천황이 하늘에 제사를 지내기 때문에 일본과 합병한 조선에서 천제를 지낼 필요가 없다는 것이 이유였다. 그리고는 그 자리에 당시로서는 최고급인 '총독부 철도호텔'을 세웠고, 이 건물은 1968년에 지금의 '웨스틴 조선호텔' 건물로 바뀌었다. 환구단 철거 시 부속건물인 황궁우와 1902년에 고종 즉위 40년을 기념하기 위해 돌로 만든 북[석고] 그리고 3개의 아치가 있는 석조 대문만이 살아남아 현재 조선호텔 경내에 남아 있다.

황궁우는 3층 팔각정의 형태를 띠고 있는데 기단 위에는 석수가 올라가 있는 돌난간이 둘러져 있고 1·2층은 통층(通層)인데, 중앙에 태조의 신위가 있다. 3층은 각 면에 3개의 창을 냈다. 한편 환구단의 정문은 원래 황궁우의 남쪽인 지금의 조선호텔 출입구가 있는 소공로 변에 위치하였는데, 1960년대 말 철거된 이후 오랫동안 소재를 알지 못했다. 그러다가 2007년 강북구 우이동에 있는 그린파크

황궁우

환구단 석고

덕수궁 실록으로 읽다
덕수궁 밖 문화재

환구단 석조 대문

환구단 정문 - 한국관광공사

호텔을 재개발하는 과정에서 호텔의 정문으로 사용하고 있던 문이 원래 환구단의 정문이라는 사실을 확인하고 이전복원 공사를 진행하여 2009년 12월에 마무리가 되었다.

중명전

헤이그 특사의 후폭풍이 몰아치다

이곳에서 을사늑약이 체결되다

　중명전(重明殿 / 重: 무거울 중, 明: 밝을 명, 殿: 전각 전)은 1901년 지어진 황실도서관으로 처음에는 수옥헌(漱玉軒)이라 불렸다. 중명전의 뜻은 중복하다, 거듭하다의 중(重)과 밝을 명(明)이 결합하여 '광명이 계속 이어져 그치지 않는다.'라는 뜻으로 주역에서 나온 말이다. 정관헌을 설계했던 러시아 사람 사바틴이 이 건물도 설계했기 때문에 러시아식 2층 벽돌 건물이 되었는데 덕수궁과 관련 있는 서양식 건물 4채 중의 하나이다. 처음에는 대한제국 황실의 도서관으로 건립했는데

중명전 입구

중명전 전경

1904년 덕수궁 대화재 이후 고종황제의 편전 및 알현실로 사용하면서 한때 대한제국 역사의 주요 무대가 됐었다.

고종 42년(1905) 6월 26일
미국 공사 패덕을 접견하다
수옥헌(漱玉軒)에 나아가 황태자가 시좌(侍座)한 상태에서 미국 공사(美國公使) 패덕을 접견하였다.

고종 43년(1906) 3월 9일
일본 통감 후작 이토 히로부미를 접견하다
수옥헌(漱玉軒)에 나아가 황태자가 시좌(侍座)한 상태에서 통감 후작(統監侯爵) 이토 히로부미를 접견하였다.

고종 43년(1906) 12월 31일
태자비 삼간택을 진행하다
황태자비(皇太子妃)의 삼간택(三揀擇)을 중명전(重明殿)에서 행하였다.

 1905년 11월 17일 이 중명전은 제2차 한일협약(한일협상조약, 을사(보호)조약, 을사늑약)이 체결되는 비운의 장소가 되었다. 일본 특파대사 이토 히로부미가 일본군을 동원해 중명전을 에워싸고 협상에 조인할 것을 강요했다. 비록 고종이 거부하고 자리를 떠났지만 이완용을 비롯한 다섯 대신들의 서명으로 조약은 체결되었다. 이 을사늑약은 군대를 동원한 일본의 강압에 의해 체결된 불평등 조약이었지만 중명전은 나라의 운명이 기운 치욕의 현장으로 역사에 기록되었다.

고종 42년(1905) 11월 17일
한일 협상조약을 체결하다
한일 협상조약(韓日協商條約)이 체결되었다.
〈한일 협상조약(韓日協商條約)〉
일본국 정부와 한국 정부는 두 제국(帝國)을 결합하는 이해공통주의(利害共通主義)를 공고히 하기 위하여 한국이 실지로 부강해졌다고 인정할 때까지 이 목적으로 아래에 열거한 조관(條款)을 약정한다.
제1조: 일본국 정부는 동경에 있는 외무성(外務省)을 통하여 금후 한국의 외국과의 관계 및 사무를 감리 지휘(監理指揮)할 수 있고 일본국의 외교대표자와 영사(領事)는 외국에 있는 한국의 신민 및 이익을 보호할 수 있다.
제2조: 일본국 정부는 한국과 타국 사이에 현존하는 조약의 실행을 완전히 하는 책임을 지며 한국 정부는 이후부터 일본국 정부의 중개를 거치지 않고 국제적 성질을 가진 어떠한 조약이나 약속을 하지 않을 것을 기약한다.
제3조: 일본국 정부는 그 대표자로서 한국 황제 폐하의 궐하(闕下)에 1명의 통감(統監)을 두되 통감은 오로지 외교에 관한 사항을 관리하기 위하여 경성(京城)에 주재하면서 직접 한국 황제 폐하를 궁중에 알현하는 권리를 가진다. … (후략) …

뱀의 발

제2차 한일협약(한일협상조약, 을사(보호)조약)은 을사늑약(乙巳勒約)이라고도 하는데, 여기서 '늑(勒)'은 말과 소의 머리에 씌우던 굴레라는 뜻의 한자다. 따라서 늑약은 상호 간 합의 없이 강제를 사용하여 억지로 맺은 조약이라는 뜻이다.

한편 간단히 줄여 부르는 을사조약이란 용어를 예전에는 을사보호조약이라고도 했는데, 이는 한국이 일본의 보호국으로 되었다는 뜻을 담고 있으며, 보호국이라는 지위가 사실상 일본 제국주의의 식민지화를 미화하는 것에 지나지 않는다는 비판이 지속적으로 제기되어 지금은 거의 사용하지 않는다.

그러나 반전은 없었다

그런데 몇 년 후 중명전은 다시 한 번 역사의 무대에 등장했다. 1907년 봄 고종은 비밀리에 '이상설, 이위종, 이준' 이렇게 세 명의 신하를 중명전에 불러 그들에게 을사늑약의 부당함을 국제사회에 알리고 도움을 청하라는 밀명을 내렸다. 이른바 네덜란드에서 열리는 만국평화회의에 파견한 헤이그 특사다. 고종은 외교권마저 박탈당한 상황에서 국제사회의 도움만이 대한제국의 마지막 희망이라고 생각했던 것이다. 고종은 중명전에서 일본의 만행과 을사늑약의 부당함을 알리는 친서를 외국으로 써 보냈다. 하지만 일본의 방해로 특사의 임무는 실패로 돌아가고 특사사건을 빌미로 고종은 강제로 퇴위당하고 말았다.

순종 즉위년(1907) 7월 20일

헤이그 밀사 이상설, 이위종, 이준 등을 처벌하다

조령(詔令)을 내리기를, "이상설, 이위종, 이준의 무리들은 어떤 흉악한 성품을 부여받았으며 어떤 음모를 품고 있었기에 몰래 해외에 달려가 거짓으로 밀사(密使)라고 칭하고 방자하게 행동하여 사람들을 현혹시킴으로써 나라의 외교를 망치게 하였는가? 그들의 소행을 궁구(窮究)하면 중형[重辟]에 합치(合致)되니 법부(法部)에서 법률대로 엄히 처결하라." 하였다.

순종 즉위년(1907) 8월 8일
이상설, 이위종, 이준 등이 거짓되이 밀사라고 칭한 죄에 대하여 교형에 처하도록 하다

법부대신 조중응이 아뢰기를, "평리원 재판장 조민희의 질품서(質稟書)를 받고 그 내용을 보니, '피고 이상설, 이위종, 이준 등의 안건을 검사의 공소에 의하여 심리하였습니다. … (중략) … 해당 범인 이상설, 이위종, 이준 등을 평리원에서 제기한 법조문에 의하여 처결하되 체포한 다음에 형을 집행하는 것이 어떻겠습니까?" 하니, 윤허하였다.

중명전은 지금은 덕수궁 궐 밖에 위치하고 있지만 이는 대한제국 시대의 경운궁(덕수궁) 영역이 일제의 영향으로 엄청나게 축소되었기 때문이다. 대한제국 당시 경운궁 권역은 인왕산 자락의 사직동에서부터 서울광장까지 매우 넓은 지역에 걸쳐 있었다. 하지만 1912년 일제가 덕수궁 밖 동쪽의 태평로를 직선화한다는 구실로 동쪽 궐내

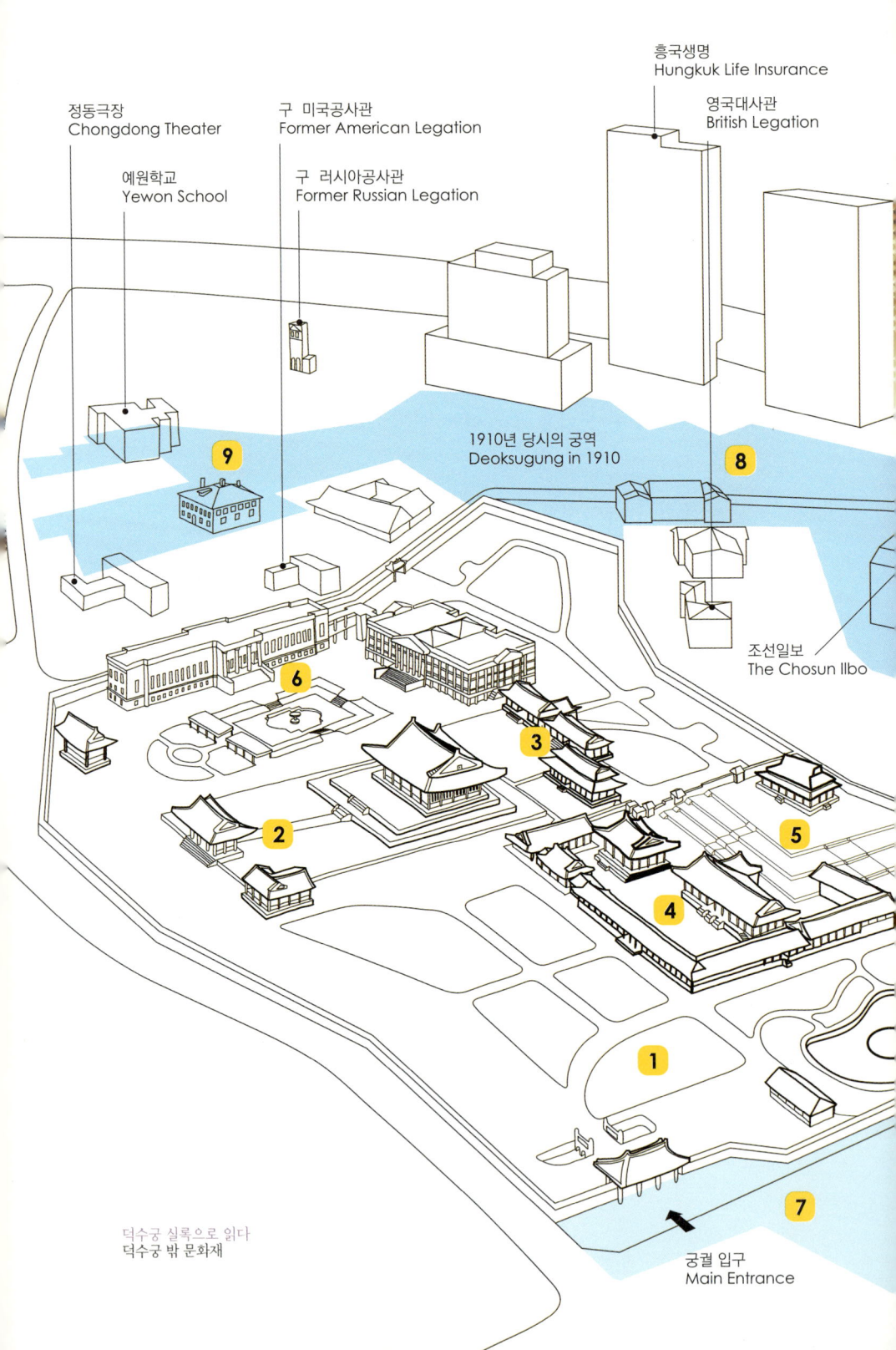

덕수궁 배치도
Deoksugung Block Plan

① 대한문 일원
   Daehanmun Area

② 중화전 일원
   Junghwajeon Area

③ 즉조당 일원
   Jeukjodang Area

④ 함녕전과 덕홍전
   Hamnyeongjeon and Deokhongjeon

⑤ 정관헌
   Jeonggwanheon

⑥ 석조전 일원
   Seokjojeon Area

⑦ 궐내각사 터와 환구단
   Gwolnaegaksa Site and Hwangudan

⑧ 선원전 터
   Seonwonjeon Site

⑨ 중명전 일원
   Jungmyeongjeon Area

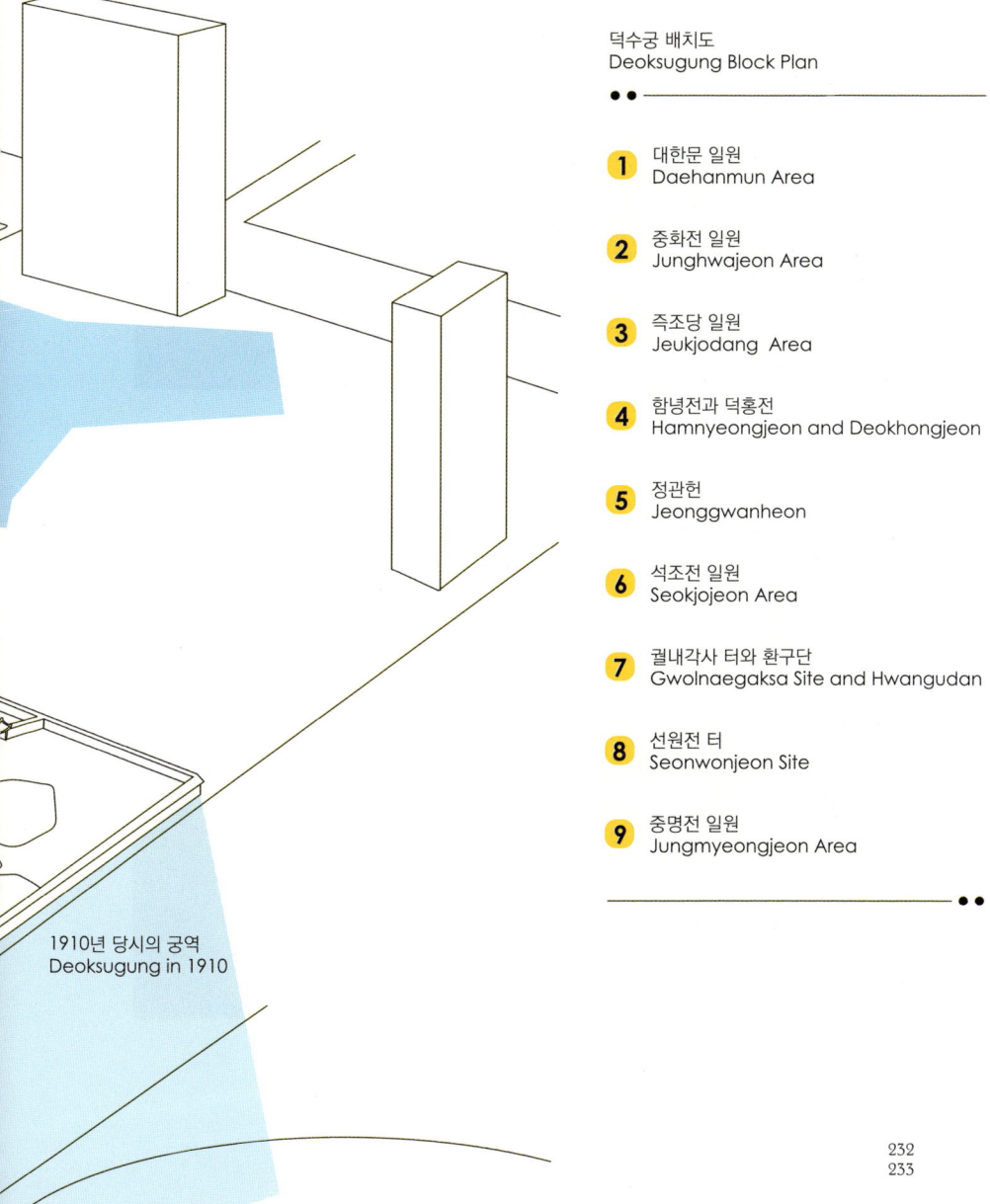

1910년 당시의 궁역
Deoksugung in 1910

중명전 내부(1층 방)

중명전 내부(1층 복도)

덕수궁 실록으로 읽다
덕수궁 밖 문화재

각사의 절반가량을 잘라냈고, 1920년에는 영성문과 선원전을 헐고 정동까지 신작로를 냈다. 심지어 고종이 폐위되면서 이름도 경운궁에서 덕수궁으로 바뀌었다. 이 와중에 덕수궁 궐내에 있던 중명전도 궐에서 떨어져 나와 길 건너 외롭게 고립된 것이다.

  그 이후 중명전은 몇 번의 화재로 인해 내부는 매우 심하게 손상을 입었고, 지금은 본래의 모습에서 외관만 남아 있는 정도다. 영친왕비 이방자 여사의 소유였다가, 한때 개인에게 팔렸는데, 지금은 국가가 다시 사들여서 2007년에 덕수궁에 포함시키고, 우리나라 근대 건축의 가장 초창기 모습을 간직하고 있다는 이유를 들어서 사적 제124호로 지정되었다.

제 2 부
경희궁

궁성과 문

경희궁의
역사

서궐이라
불린 궁궐

경희궁의 원래 이름은 경덕궁이었다

경희궁(慶熙宮)은 서울시 종로구 신문로에 있는 조선시대의 궁궐로서 광해군 9년(1617)에 만들어졌는데 창건 당시에는 경덕궁(慶德宮)으로 불렸다. 북궐인 경복궁을 중심으로 하여 동궐인 창덕궁과 창경궁의 반대편에 있기 때문에 서궐이라고도 불렸다.

실록에서 경덕궁으로 검색하면 조선전기에도 경덕궁이 다수 검색되는데, 이는 광해군 때 만들어진 경덕궁(慶德宮)과는 한자가 다른 경덕궁(敬德宮)으로, 태조 이성계가 왕위에 오르기 전에 살던 개경의 사

경희궁

저(私邸)를 말한다. 세조 때의 권신 한명회가 한때 이곳에 궁지기[宮直]로 있었는데, 당시 한명회는 번번이 과거에 떨어져서 조정에 출사를 못하고 있던 상태였고 겨우 음서를 통해 경덕궁 궁지기로 있었다. 그러다가 친구였던 권람이 그를 수양대군에게 소개를 해 주었고, 그의 진가를 알아본 수양대군에 의해 훗날 세조의 책사가 되었다.

단종 1년(1453) 10월 18일
의정부에 수양 대군·정인지 등의 공을
포상하는 조건을 마련하여 계문하도록 하교하다
의정부에 하교하기를, … (중략) … 간신 황보인·김종서·이양·민신·조극관 등이 역모를 마음에 품고 … (중략) … 숙부 수

양 대군, 판중추원사 정인지, … (중략) … 집현전 교리 권람, 행 경덕궁직(行敬德宮直) 한명회 등이 충성을 분발하여 계책을 결정하고, … (후략)

조선중기 임진왜란으로 인해 한양도성의 모든 궁궐은 다 불타버려서 의주로 피난갔던 선조는 한양으로 돌아온 뒤 마땅히 머물 곳이 없어서 월산대군의 사저를 임시 거처로 삼았다. 그것이 곧 정릉동 행궁이 되었고, 경운궁(덕수궁)의 시초가 되었다. 그렇지만 정릉동 행궁은 아무래도 불편했기 때문에 예전 궁궐의 중건공사를 곧 시작했는데, 풍수적으로 불길하다는 경복궁은 처음부터 중건대상에서 제외시키고 창덕궁과 창경궁의 중건공사를 먼저 시작했다. 그러나 전쟁 통에 나라의 재정 상태는 너무 열악해서 공사 진척은 지지부진했고, 결국 선조는 창덕궁으로 돌아가지 못한 채 경운궁(덕수궁)에서 승하했다. 그리고 그 뒤를 이어 광해군이 왕위에 올랐는데, 광해군의 즉위 과정에는 왕위계승을 둘러싸고 잡음이 많았다. 광해군은 서자 출신인데다가 더군다나 장남이 아닌 차남이기 때문이었다.

광해군에게는 같은 서자출신이라도 선조의 장남이자 자신의 친형이었던 '임해군'이 있었을 뿐만 아니라, 더 위협적인 것은 비록 나이는 어렸지만 선조의 적자인 '영창대군'의 존재였다. 조선에서는 권력의 속성상 왕이 못된 왕자들은 정치적인 이유에서 죽임을 당할 가능성이 높았는데 특히 왕위계승권에 가까운 순서일수록 그런 경향이 강했다. 사실 어린 영창대군이야 누가 보더라도 억울하게 죽었지만, 임해군은 스스로 죽을 짓을 하고 돌아다녔다. 임해군은 객관적인 신분조건만 놓고 본다면 광해군보다는 세자가 될 가능성이 더 높았지만, 성질이 난폭해서 주위로부터 신망을 얻지 못해 세자가 못 되었다. 그럼에도 불구하고 친동생인 광해군이 세자로 책봉받자 임해군은 자신의 왕위를 도둑맞았다고 떠들고 다녔으니 스스로 자기 무덤을 판 것이나 다름없었다.

> 선조 22년(1589) 4월 1일
> 특지(特旨)로 승지 윤선각을 상주 목사로 삼다
> … (전략) … 윤선각이 입시하여 아뢰기를, "왕자의 나이가 어리니 제 시기에 맞추어 교양해야 합니다. 외간에서는 모두들 왕자가 산택(山澤)의 이익을 빼앗아 점유한다고 말하고 또 뇌물 청탁이 자못 행해지고 있다고들 하니 더욱 금계(禁戒)해야 합니다. … (중략) … <u>임해군(臨海君)은 연장자로서 가장 횡포하였으므로 조야가 근심스럽게 여겼다.</u>

인왕산 왕기설과 경희궁

그런 광해군이었기에 항상 왕위계승에 대한 불안감을 가지고 살았다. 특히 중국에까지 건너간 일부 정적들의 부추김으로 인해 명나라 황실이 광해군의 왕위계승에는 문제가 있다고 지적하면서, 현장실사를 위해 사신까지 파견되자 광해군의 불안감은 더욱 커졌다. 그때 풍수지리와 관련된 인왕산 왕기설이 확 퍼졌다. 즉, '지금의 임금인 광해군은 서자출신에다가 심지어 명나라로부터 제대로 인정도 못 받은 임금이기 때문에, 언젠가는 제대로 된 임금이 나올 것이다. 그리고 새

임금은 인왕산의 왕기를 받은 사람이다.'라는 식의 소문이었다. 광해군이 그 소문을 쫓아 가보니, 인왕산 밑의 새문동이라는 동네가 지목되었고, 그 자리에는 선조의 다섯 번째 아들이자 자신의 이복동생인 정원군의 집이 있었다. 그래서 그 집을 강제로 빼앗고 궁을 지었는데 그 궁이 바로 경덕궁이었고, 훗날 경희궁으로 이름이 바뀌었다.

광해 9년(1617) 6월 11일
새 궁궐을 새문동에다 건립할 것을 의논하다
새 궁궐을 새문동(塞門洞)에다 건립하는 것에 대해 의논하였다. 성지(性智)가 이미 인왕산 아래에다 새 궁궐을 짓게 하고, 술인(術人) 김일룡이 또 이궁(離宮)을 새문동에다 건립하기를 청하였는데, 바로 정원군(定遠君)의 옛집이다. 왕이 그곳에 왕기(王氣)가 있음을 듣고 드디어 그 집을 빼앗아 관가로 들였는데, 김일룡이 왕의 뜻에 영합하여 이 의논이 있게 된 것이다. … (후략) …

한편, 반정으로 왕위에 오른 인조는 자신의 정통성을 부각시키려고 자신의 아버지인 정원군까지도 원종으로 추존을 했는데, 조선에서 세자가 아니었으면서도 추존된 왕은 원종 하나뿐일 만큼 정통성이 부족한 것이 사실이었다. 게다가 정원군은 임해군과 비견될 정도로 살아생전의 행실이 나빴던 것이 실록의 기사에도 나와 있다.

선조 40년(1607) 3월 18일
이보의 졸기

순화군 이보(李𤣰)가 졸하였다. 이보는 왕자다. 성질이 패망(悖妄)하여 술만 마시면서 행패를 부렸으며 남의 재산을 빼앗았다. 비록 임해군(臨海君)이나 정원군(定遠君)의 행패보다는 덜 했다 하더라도 무고한 사람을 살해한 것이 해마다 10여 명에 이르렀으므로 도성의 백성들이 몹시 두려워 호환(虎患)을 피하듯이 하였다. … (후략)

그럼에도 정원군은 아들이 왕(인조)이 된 덕에 우여곡절을 겪었지만 끝내 원종으로 추존이 되었는데 그런 원종에게 올린 시호인 '공량경덕인헌정목장효대왕(恭良敬德仁憲靖穆章孝大王)' 속에 나오는 경덕과 경덕궁의 발음이 똑같아서 이를 피하고자 경덕궁의 이름을 경희궁으로 바꾸었다.

영조 36년(1760) 2월 28일
돈의문 안에 궐호가 장릉의 시호와 같자 의논케 하여 경희궁으로 고치다
임금이 돈의문 안의 궐호(闕號=경덕궁)가 장릉(章陵=원종)의 시호와 음이 같다는 이유로 대신과 관각 당상에게 명하여 빈청에 모여서 대책을 의논하여 들이도록 한 바 경희궁(慶熙宮)으로 고쳤다.

•• 뱀의 발
정원군의 원종 추존
옛날 유교문화권에서는, 특히 성리학을 국가 경영의 주된 이념으로 삼았던 조선시대에는 모든 우주 만물에 질서를 부여하고 서열을 중요시했는데 무덤도 예외는 아니

었다. 왕(왕비)의 무덤만 '능(陵)'이라고 하고 나머지 모든 무덤은 '묘(墓)'라고 했다. 한편 무덤의 등급 중에는 '묘(墓)'도 아니고 '능(陵)'도 아닌 '원(園)'이 있다. 원(園)은 영조가 천한 신분(무수리?)이었던 자신의 어머니에 대한 예우격상을 위해 옛 제도를 찾아내 적용한 것으로서 '세자(세자빈)나 왕의 사친(私親)의 무덤'에 사용하였는데, 현존하는 조선 최초의 '원'은 영조의 친모 숙빈 최 씨의 무덤인 소령원(昭寧園)이다.

  그런데 엄밀하게 말하자면 조선에서 최초로 '원' 제도를 적용한 것은 영조가 아닌 인조였다. 인조는 반정으로 왕이 되었기 때문에 자신의 아버지 정원군은 당연히 왕이 아니었다. 그런 이유 때문에 인조는 반정 후 자신의 정통성을 확보하는 차원에서 정원군을 왕으로 추존하려는 시도를 수도 없이 했지만 그때마다 신하들의 거센 반발로 번번이 무산되었다.

  하지만 인조는 포기하지 않고 변칙적으로 중국 전한시대 효선황제(孝宣皇帝)의 사례를 찾아내어 정원군의 무덤을 '능'이 아닌 '원'으로 하자고 신하들에게 약간 양보하는 협상을 벌여 '정원군묘'는 흥경원(興慶園)이라는 원호(園號)를 받았다. 신하들은 '능'이 아니기 때문에 왕의 체면을 생각하여 그 정도까지는 양보하려 했는데 결국은 귀신같은 인조의 전술에 휘말려 정원군은 결국 '원종'으로 추존된다. 또한 추존된 왕이라도 신분은 왕이기 때문에 흥경원은 자동적으로 '능'으로 격상되어 김포 장릉(金浦 章陵)이 되었다. 올림픽에서 금메달을 딴 사람이 어떤 이유에서든 금메달을 내놓게 되면 은메달리스트가 금메달리스트로 되는 것처럼 숙빈 최 씨의 소령원은 왕릉 승격으로 인해 없어진 흥경원을 대신하여 현존하는 조선 최초의 '원'이라는 평가를 받고 있다.

인조 4년(1626) 8월 5일
<u>흥경원의 묘호를 확정하고 헌관과 집사를 친속 중에서 차송토록 하교하다</u>

인조 10년(1632) 2월 18일
양사에서 정원군의 추숭 및 종묘에 모시는 것을 반대하는 합계를 올리다

인조 10년(1632) 3월 11일
대원군과 대원부인의 시호를 올리고 묘호를 논의하다

대신 및 2품 이상이 빈청(賓廳)에 모여 대원군(大院君)의 시호를 '경덕 인헌 정목 장효(敬德仁憲靖穆章孝)'라 하고, 대원부인(大院夫人)의 호를 '경의 정정 인헌(敬懿貞靖仁獻)'이라 하고, 흥경원(興慶園)을 장릉(章陵)이라 고쳤다. 상이 하교하기를,

"묘호(廟號)는 왜 의논해 올리지 않는가?" 하니, 회계하기를, "성종 때는 주청한 후 8자 호를 가하고 비로소 묘호를 올렸습니다. 예조가 품한 바는

김포 장릉(章陵)

단지 시호뿐이었으며 전에 우선은 입묘(入廟)하지 말라고 하교하셨기 때문에 지금 의논해 올리지 않은 것입니다." 하니, 알았다고 답하였다.

단순 피우처(避寓處)에서 이궁으로 급이 올라간 경희궁

임진왜란 이후에는 조선의 궁궐서열이 바뀌었다. 임진왜란 이전에는 조선의 제1정궁인 '법궁'의 지위를 경복궁이 가졌고, 창덕궁은 보조궁궐인 '이궁(離宮)'이었다. 그렇지만 지위가 높은 법궁이라고 해서 더 많이 사용된 것은 아니었다. 역대 왕들은 오히려 살기 편한 창덕궁을 선호했다. 그래서 일상생활은 창덕궁에서 하고, 일부 대규모 공식적인 행사만 경복궁에서 하는 편법을 사용하기도 했다. 그런데 임진왜란 이후에 한양의 궁궐을 재건하면서 건국초기부터 논란이 많았던 경복궁은 풍수적으로 흉지라고 여겨서 재건목록에서 아예 제외시켰다. 따라서 조선후기에는 창덕궁이 실질적인 조선의 제1정궁인 '법궁' 지위를 차지하게 되었다. 그리고 경덕궁(경희궁)이 대신 보조적인 이궁 역할을 담당하게 되었다.

광해 10년(1618) 4월 5일
궁궐의 공사를 속히 진행시키는 일로 전교하다
전교하였다. "두 궁궐의 공사가 날이 갈수록 더욱 해이해지고 있다 하는데 만약 요포(料布)가 떨어지고 나면 말할 수 없이 될 것이다. 경덕궁(慶德宮)은 단지 잠깐 피하려고 머무는 곳[피우처, 避寓處]인데, 현재 대전(大殿)과 내전(內殿) 건물은 짓고 있으니 아문

경복궁 전경

같은 것들은 작은 재목들로 간략하게 속히 짓는 것이 편할 듯하다. … (후략) …

또한, 창덕궁과 창경궁이 동궐이라고 불렸던 것에 비해, 경희궁은 한양도성의 서쪽에 있었기 때문에 서궐이라고 불렸다. 이렇게 해서 조선후기 동·서 양궐 체제가 구축되었다. 초기 광해군 때의 경희궁은 오로지 왕기를 꺾기 위한 목적으로 만든 궁궐이었기 때문에 다른 궁궐에 비해서는 시설 면에서 많이 뒤쳐진 것이 사실이었다. 그렇지만 인조가 반정을 통해 광해군을 쫓아내는 과정에서 화재로 인해 창덕궁이 전소되었고, 또한 뒤를 이은 '이괄의 난'때문에 창경궁마저도 다 타버렸다. 그 때문에 갈 곳이 없어진 인조는 옛날 자

창덕궁 전경

기 집이어서 매우 익숙한 경덕궁(경희궁)을 임시거처로 삼은 뒤에 이곳을 지속적으로 확장했다. 그렇게 해서 경희궁은 동궐에 버금가는 규모의 서궐로 만들어진 것이다.

   실록기록을 살펴보면 인조 이후 철종까지 10대에 걸쳐 조선의 왕들은 이곳 경희궁을 자주 이용했음을 알 수 있다. 경희궁에서 태어난 왕에는 숙종과 경종이 있고, 경희궁에서 돌아가신 분은 숙종, 영조, 순조, 인선왕후(효종비), 인경왕후(숙종비), 인현왕후(숙종계비), 선의왕후(경종비)가 있다. 또한 경희궁에서 즉위한 왕은 경종, 정조, 현종이 있고, 정조임금이 경희궁존현각에 있을 때 자객이 지붕 위까지 숨어들었던 이야기는 너무나도 유명하다.

서궐도안(표시된 부분이 존현각) - 고려대학교박물관

정조 1년(1777) 7월 28일

궁궐 내에 도둑이 들어 사방을 수색하게 하다

대내(大內)에 도둑이 들었다. 임금이 어느 날이나 파조(罷朝)하고 나면 밤중이 되도록 글을 보는 것이 상례이었는데, 이날 밤에도 존현각(尊賢閣)에 나아가 촛불을 켜고서 책을 펼쳐 놓았고, 곁에 내시 한 사람이 있다가 명을 받고 호위하는 군사들이 직숙(直宿)하는 것을 보러 가서 좌우가 텅 비어 아무도 없었는데, 갑자기 들리는 발자국 소리가 보장문 동북쪽에서 회랑 위를 따라 은은하게 울려왔고, 어좌의 중류(中霤,집의 한가운데 있는 방)쯤에 와서는 기와 조각을 던지고 모래를 던지어 쟁그랑거리는 소리를 어떻게 형용할 수 없었다. … (중략) … 홍국영이 말

하기를, … (중략) … 필시 흉얼(凶孼)들이 화심(禍心)을 품고서 몰래 변란을 일으키려고 도모한 것입니다. 고금 천하에 어찌 이러한 변리가 있을 수 있겠습니까? 그가 나는 새나 달리는 짐승이 아니라면 결단코 궁궐 담장을 뛰어넘게 될 리가 없으니, 청컨대 즉각 대궐 안을 두루 수색하게 하소서."… (후략) …

이와 같은 사실에서 보듯이 경희궁은 조선후기 정치사의 중심무대였다. 그러다가 고종 때에 흥선대원군의 주도로 임진왜란 이후 오랫동안 버려졌던 경복궁이 새롭게 중건되면서 경복궁과 창덕궁이 조선 초기처럼 법궁과 이궁으로서 다시 정치사의 주무대에 등장을 하게 되고, 고종이 법궁인 경복궁으로 옮겨가면서 경희궁은 빈 궁궐이 되어 버렸다.

흥화문

한때
이토 히로부미를
기리던 문

원형을 간직한 채 경희궁에 남아 있는 유일한 건물

　흥화문(興化門 / 興: 흥할 흥, 化: 될 화, 門: 문 문)은 광해군 10년(1618)에 세운 경희궁(당시는 경덕궁)의 정문으로 정면 3칸 측면 2칸의 단층 우진각지붕이다. 경복궁광화문, 창덕궁돈화문, 창경궁홍화문처럼 다른 궁궐들은 정문이 모두 2층으로 되어있는 반면, 흥화문만 유독 단층인 이유는 경희궁이 처음 지어질 때 임금이 가끔 머무르는 피우처(避寓處: 우환을 피하는 곳) 역할로만 계획되어서이다.

두개의 층으로 이루어진 창덕궁 돈화문

두개의 층으로 이루어진 창경궁 홍화문

단층으로 이루어진 흥화문

경희궁 실록으로 읽다
궁성과 문

광해 10년(1618) 4월 9일
인경궁·경덕궁의 정문을 조성하는 일과 봉상시 이치의 일에 대해 전교하다
전교하였다. "인경궁(仁慶宮)의 정문은 돈화문의 예에 따라 층문(層門)으로 조성하고, <u>경덕궁(慶德宮)은 그저 잠시 피해 거처하는 곳(避寓處)</u>일 뿐이니 단층문으로 알아서 조성하도록 하라.
… (후략) …

  원래 흥화문은 궁궐의 동남쪽 모퉁이, 즉 지금의 구세군회관 빌딩 자리에 동향하여 서 있었으나 일제가 경희궁을 말살하는 과정에서 1915년 남쪽 담장으로 옮겨졌다가, 1932년 이토 히로부미(伊藤博文)를 추모하기 위한 사찰인 박문사(博文寺)를 지을 때 그 절의 정문으로 이용되었다. 한편 해방이 되자 박문사가 철거되고 그 자리에 신라호텔이 들어서면서 이번에는 엉뚱하게도 호텔의 정문으로 이용되었으나, 1988년 서울시의 경희궁 복원계획에 따라 원래 경희궁지로 가져와서 다시 복원되었지만, 원래 문이 있던 자리에는 이미 고층빌딩이 들어서 있던 터라 부득이하게 지금의 자리로 옮겨지었다.
  현재 경희궁 내의 전각들은 흥화문을 제외하면 옛 모습 그대로 온전하게 보존된 것이 하나도 없는데, 그 이유는 일제에 의한 조선 궁궐 말살정책 때문이다. 물론 다른 궁궐들도 큰 피해를 보았지만 경희궁은 그 정도가 심해 궁궐 자체의 존재마저도 알지 못하는 국민들이 상당수가 있을 정도다. 현재 경희궁과 관련된 대부분의 전각은 새로 복원된 것이며 단지 숭정전(崇政殿), 황학정(黃鶴亭)과 함께 흥화문

숭정전(崇政殿)

황학정(黃鶴亭)

만이 옛 경희궁 내의 모습을 보존하고 있는데, 그나마도 궁궐 영역 안에 그대로 남아있는 것은 이 흥화문뿐이다. 숭정전은 동국대학교 구내로 옮겨지어져 법당인 정각원으로 사용되고 있고, 경희궁회상전 북쪽에 있던 황학정 역시 지금은 사직공원 뒷산 인왕산 기슭으로 옮겨지어졌다.

한편 흥화문과 관련된 실록기사 중에는 금주령과 관련된 부분이 있어 주목을 끈다.

영조 39년(1763) 6월 20일
오부의 백성들을 모아 놓고 어려움에 대해 묻고 금주령을 엄히 신칙하다
이날 임금이 흥화문에 임어하여 오부(五部)의 백성들을 모아 놓고 폐막(弊瘼)에 대해 순문(詢問)하였고 금주령을 엄중하게 신칙하였다. 포도대장 정여직을 남양(南陽)으로 귀양 보내고 형조와 한성부의 여러 당상(堂上)들을 파직시켰다. 이때 술을 금하는 법령이 엄중하여 이를 범한 사람은 모두 무거운 죄를 받았다.
… (후략) …

금주령을 스스로 어겼다고 의심받았던 영조

동서고금을 막론하고 역사상 금주령은 어디에나 있었다. 금주령을 내리는 이유는 종교, 문화 등 다양하게 있을 수 있으나 주로 국가의 조세독점을 위한 것과 부족한 식량의 확보라는 점이 대표적이다. 그중에서 조선에서의 금주령은 후자에 속했다. 특히 영조는 재

위기간이 무려 52년이나 되기 때문에 영조실록에는 금주령을 내린 시기가 매우 많이 나오는데 대체로 금주령은 영조의 즉위 이후 지속적으로 실시되다가 가끔씩 단속의 수위를 낮추거나 금주령 자체를 풀어주기도 했지만 원칙적으로는 금주령을 엄격하게 실시하였다.

영조 5년(1729) 8월 20일
금주의 편리 여부를 논의하여 금주령을 정지하도록 하다
석강(夕講)을 행하였다. 강(講)하기를 마치자, 주금(酒禁)의 편리 여부를 하문하였다. … (중략) … 검토관 유엄이 아뢰기를, "술이 비록 곡식을 허비하지만, 백성들이 살아가는 길이 또한 이를 힘입는 수가 많습니다. 또 오부(五部)에서 수색하여 고발할 때의 폐단이 매우 심하니, 이제부터는 단지 술주정하는 것만 금단하게 하고 수속(收贖)하지 말도록 하며, 술항아리를 수색해서 고발하는 폐단을 제거하는 것이 좋을 듯합니다." 하니, 임금이 이르기를, "주금을 없애고 술주정하는 것만 금하도록 하라." 하였다.

영조 7년(1731) 6월 10일
간원이 금주령을 더욱 엄하게 할 것을 아뢰다

영조 9년(1733) 1월 10일
도성의 쌀값이 등귀하고 품귀 현상이 일어나자 금주령을 거듭 내렸다

영조 19년(1743) 3월 26일
유복명이 주폐(酒弊) 다섯 조항을 논하다

영조 28년(1752) 12월 20일
금주령을 내린 이후 일어나는 폐단에 대해 아뢰다

영조 32년(1756) 7월 3일
금주령을 잘 지키라고 팔도에 신칙케 하다

영조 39년(1763) 6월 20일
오부의 백성들을 모아 놓고 금주령을 엄히 신칙하다

영조 40년(1764) 5월 3일
금주령은 날로 엄하였으나 범하는 자는 그치지 않다

그런데 즉위 초부터 지속적으로 금주정책을 강하게 밀어붙인 영조가 오히려 자기 자신은 꾸준히 음주를 하고 있다는 항간의 소문이 있었고, 이에 대해 신하들의 추궁이 있자 그것은 술이 아니라 오미자일 뿐이라고 변명하는 대목도 실록기사에 전한다.

영조 12년(1736) 4월 24일
야대 후 조명겸이 술을 경계할 것을 청하니 오미자차를 마신 것뿐이라 하다

임금이 야대(夜對)를 흥정당(興政堂)에서 행하였다. 강(講)하기를 마치고 선온(宣醞)하였는데, 검토관 조명겸이 아뢰기를,
"가만히 여항(閭巷)에 전해진 말을 들으니, 혹은 성상께서 술을 끊을 수 없다고들 한다는데, 신은 그 허실을 알지 못하겠지만 오직 바라건대, 조심하고 염려하며 경계함을 보존토록 하소서." 하니, 임금이 이르기를, "내가 목을 마를 때에 간혹 오미자차(五味子茶)를 마시는데, 남들이 간혹 소주(燒酒)인 줄 의심해서이다." 하였다.

아무리 엄한 금주령을 내려도 힘께나 쓰는 양반가에서는 몰래 술을 만들어 먹는 일이 다반사였다. 게다가 유교국가인 조선에서는 제례에 술이 필수적이었기 때문에 예외조항이 없을 수는 없었다. 그래서 제사에 쓰이는 술은 예주(醴酒) 또는 감주(甘酒)라 하여 단술을 쓰도록 했다.

영조 31년(1755) 9월 14일
제사 · 연례 · 호궤 · 농주 외에는 일체 술을 금하게 하다

영조 33년(1757) 6월 28일
여차에 나가 대신과 예조 판서를 인견하다
… (전략) … 김상로가 말하기를, "나라에서 지금 바야흐로 술 마시는 것을 금지하고 있으니, 객사(客使)를 대접하는 예(禮)에 있어서 단술[醴酒]을 쓰는 것이 마땅합니다. 경중(京中)에서 이미

단술을 사용하게 하였으면, 서로(西路)의 여러 고을 또한 당연히 그와 같이 해야 합니다." 하니, 임금이 옳게 여겼다.

그러나 예외는 또 다른 예외를 낳는 법이다. 결국 금주령의 근간이 흔들리자 영조는 본보기로 병마절도사였던 윤구연을 참수형에 처했고, 윤구연의 처벌에 반대하던 정승들마저도 모두 파직해버리는 초강수를 두었다.

영조 38년(1762) 9월 17일
남병사 윤구연을 참하다

임금이 숭례문에 나아가 남병사(南兵使) 윤구연을 참(斬)하였다. 이보다 앞서 임금이 금오랑(金吾郞)에 명하여 윤구연을 잡아오게 하였고, 또 선전관 조성에게 명하여 배도(倍道)로 빨리 가서 양주(釀酒)한 진장(眞贓)을 적발하도록 하였다. 이에 이르러 조성이 술 냄새가 나는 빈 항아리를 가지고 임금 앞에 드리자, 임금이 크게 노하여 친히 남문(南門)에 나아가 윤구연을 참하였던 것이다. 영의정 신만·좌의정 홍봉한·우의정 윤동도가 차자를 올려 구원하려 하였으나, 임금이 비답을 내리지 않고, 모두 상직(相職)을 파하였다.

남아있는 전각들

숭정문과
숭정전

치조(治朝) 중
유일한
주심포 건물

영조가 사랑했던 궁궐, 경희궁

숭정전(崇政殿 / 崇: 높을 숭, 政: 정사 정, 殿: 전각 전)은 경희궁의 가장 중심인 정전(正殿=法殿) 건물로 경복궁근정전, 창덕궁인정전, 창경궁명정전, 덕수궁중화전에 해당하는 건물이다. 숭정문(崇政門)은 치조(治朝)의 모든 정문이 그러하듯 주 건물인 숭정전의 이름을 그대로 사용하고 있는데, 숭정전 뒤쪽 편전 영역인 자정문과 자정전도 예외는 아니다.

숭정전은 정면 5칸 측면 4칸의 주심포계 단층 팔작지붕 건물인데, 원래 숭정전 건물은 1926년 일제에 의하여 강제로 철거되어 매

경복궁 근정전

덕수궁 중화전

숭정전

경희궁 실록으로 읽다
남아있는 전각들

동국대 정각원

각된 탓으로 원형이 크게 훼손된 채 조계사로 이전되었다. 그 옛 숭정전 건물은 현재는 동국대학교 구내의 정각원(正覺院)이라는 법당으로 쓰이고 있는데, 이미 불교식 의례를 행하기에 알맞도록 내부구조가 크게 변경되어 있을 뿐만 아니라 건물자체가 워낙 노후하여 1989년부터 진행되었던 경희궁 복원 때는 원래 자리로 돌아오지 못하고 새 건물로 복원하게 되었다.

숭정전의 건물구조가 우리의 주목을 끄는 점은 다포계 건물인 다른 궁궐의 정전과는 달리 주심포계 건물이라는 점이다. 주심포와 다포 건물은 무거운 건물지붕의 무게를 떠받치는 구조물인 공포(栱包)의 위치와 숫자로 구분된다. 주심포(柱心包)는 글자 그대로 기둥(柱)의 중심(心)에만 공포(包)가 올라가 있는 건물인 반면, 다포(多包)는 주심포

숭정전 주심포구조

덕수궁 중화전 다포

이외에 기둥과 기둥 사이에도 추가로 공포가 올라가 있기 때문에 많을 다(多) 자를 써서 다포라고 한다.

공포(栱包)는 구조적으로 건물의 지붕 무게를 기둥으로 전달하는 기능도 하지만, 수많은 부재를 짜맞추는 식으로 조립되기 때문에 시각적으로는 건물의 외양을 매우 화려하게 만드는 효과가 탁월하다. 그래서 궁궐 내에서도 건물을 만들 때 익공(翼工)계와 같은 간소한 양식을 사용해도 구조적으로는 전혀 문제가 없지만, 법전이나 편전과 같은 치조에 속하는 건물들은 국왕의 권위를 표현하기 위해 공포를 사용하는 것이 일반적인데, 기왕이면 화려한 의장효과를 높이기 위해 다포계 건물로 만드는 것이 보통이다. 하지만 경희궁만큼은 정전과 편전 건물이 모두 주심포계다. 이는 앞서 말한 것처럼 경희궁이 처음부터 왕의 임시 피우처 역할을 하도록 만든 궁궐이어서 그런 듯하다.

숭정전은 의례(儀禮: 가례, 길례, 빈례, 군례, 흉례)에 의해 정전(正殿)에서만 치르는 공식적인 국가행사가 주로 열리던 곳이다. 조선왕조실록 홈페이지에서 '숭정전'으로 검색하면 인조 이후 총 653건이 검색되는데 그중에서 영조실록에만 무려 425건이 실려 있어서 2/3를 차지하고 있다. 이를 통해 우리는 영조가 얼마나 경희궁에서 많은 시간을 보냈는지를 알 수 있다. 그래서일까? 태령전 건물 안에는 영조의 어진이 모셔져 있다.

숭정문의 앞뒤에 포진한 임금의 친위군대

한편, 숭정전의 정문인 숭정문에 관한 기사도 여럿 있는데 눈에 띄는 기사는 무예시범이나 활쏘기 기사다.

숭정문

인조 3년(1625) 10월 10일

관사하다(활쏘기를 관람하다)

상(上)이 숭정문에 나아가 관사(觀射)했다. 좌우상(左右相)·종친(宗親)·재상(宰相) 14원(員), 시관(試官) 6원, 승지 전수와 삼사(三司) 각 1원씩 입시하였는데, 입시한 제신(諸臣)과 시위 장사(侍衛將士)·시관 등에게 선온(宣醞)하라고 명하였다. 다음날 대신에게 시험을 끝낼 것을 명하고 1등을 한 파성수(坡城守) 이곤과 내금위(內禁衛) 이직 등에게는 가자(加資)해주고 그 밖의 60여 인에게도 아울러 차등있게 상을 주라고 명하였다.

인조 7년(1629) 8월 8일

종실 및 문무관의 무예를 시험하다

상(上)이 숭정문(崇政門)에 거둥하여 종실(宗室) 및 문무관의 무재(武才)를 시험하였는데, 둘씩 짝을 지어 나아가 활을 쏘았다. 이를 마친 다음에 포수(砲手)의 대오를 나눈 뒤 먼저 검법(劍法)의 시범을 보고 방패(防牌)·언월도(偃月刀)·권법(拳法)의 순으로 각각 재주를 발휘하게 하였다. 수석을 차지한 종실 귀흥도정(龜興都正) 이섬과 문신 유여항, 무신 박심에게 모두 가자(加資)할 것을 명하고, 나머지 사람에게도 차등 있게 상을 내렸다.

숭정문 관련기사에서 이런 무(武)와 관련된 내용이 나오는 것은 왜일까? 그것은 숭정문 앞뒤의 행각 속에 '내삼청'과 '호위청'이라는 국왕 호위와 궁궐 수비를 담당하던 군영이 있었기 때문으로 보인다.

숭정문과 행각

국왕의 지근거리에 국왕의 안위를 책임질 금군(禁軍)을 배치하는 것은 충분히 상식적인 일이다. 그렇다면 조선의 금군조직은 어떻게 구성되어 있을까?

호위청(扈衛廳)의 경우에는 인조반정 직후 공신들이 국왕에 대한 숙위(宿衛)가 소홀하다고 판단하여 설치한 350~400명 정도의 군영이 시작이었다. 현재 창덕궁의 인정문 바깥쪽 행각에도 호위청이라는 현판이 걸린 곳이 있다. 이 군영은 고종 때까지 유지되었다.

그리고 내삼청(內三廳)은 조선전기부터 각각 독립적으로 조직되어 활동하던 내금위(內禁衛)·겸사복(兼司僕)·우림위(羽林衛)라는 3개의 금군(禁軍)군영을 합쳐 만든 것으로 약 700명 정도로 운영되었다. 특히 내삼청은 '금군청'으로 개칭한 뒤 크게 두 그룹의 조직으로 나누어

창덕궁 호위청

좌별장과 우별장이 관장하였는데, 좌별장은 용대장(龍大將), 우별장은 호대장(虎大將)으로 불리기도 했다. 이는 좌청룡, 우백호에서 나온 이름이라는 것을 쉽게 알 수 있다. 그 후로도 금군조직은 상당히 많은 직제개편을 맞게 되는데 두 사람의 별장 대신 한 사람의 금군별장이 조직을 총지휘하면서, 이름마저도 용과 호랑이를 한꺼번에 아우르는 용호영(龍虎營)으로 바꾸었다.

  이들 금군은 대개 국왕을 측근에서 모시는 것이 기본 업무였지만, 궁궐 월랑(月廊=행랑)에서의 입직(入直=당직. 숙직)이나 도성 8대문 등의 요소요소에 나뉘어 입직하였고, 또한 여러 곳의 난잡한 행동이나 부정한 일을 조사하고 적발하는 업무도 행하였다.

자정전

성학십도를 논하다

심오한 유학사상을 단 열 개의 그림 속에 담아낸 성학십도

자정전(資政殿)은 건물이름 속의 정(政) 자로 알 수 있듯이 정치하는 구역, 즉 치조(治朝)에 속하는 건물이다. 앞쪽에는 법전인 숭정전이 있으므로 자정전은 당연히 국왕이 평소 신하들과 회의를 하거나 경연을 여는 등 일상적인 공무를 수행하던 편전(便殿)이 되어야만 법전+편전의 한 세트로 구성되는 치조가 완성되는 것이다. 자정전은 정면 3칸 측면 3칸의 주심포계 정방형 팔작지붕 건물이며, 건물 정면에는 자정문이 나 있다.

자정전

　대체로 조선궁궐의 치조 건물들의 이름은 쉬운 한자로 되어 있어서 그 뜻을 금방 알 수 있다. 경복궁의 근정전(勤政殿)과 사정전(思政殿)은 정치를 부지런히[勤: 근면할 근], 그리고 백성들을 생각[思: 생각 사]하면서 하라는 뜻이다. 창덕궁의 인정전(仁政殿)과 선정전(宣政殿)은 어진[仁: 어질 인] 정치를 베풀[宣: 베풀 선]라는 뜻이며, 창경궁의 명정전(明政殿)과 문정전(文政殿)은 밝은[明: 밝을 명] 정치를 문치[文: 글월 문]주의에 입각해서 하라는 뜻이다. 그렇다면 경희궁의 숭정전(崇政殿)과 자정전(資政殿)은 어떤 뜻일까?

　한자 사전을 찾아보면 숭(崇)은 '높을 숭'이며, 자(資)는 '재물 자'라고 풀이되어 있다. 따라서 숭정전은 높이 존숭 받는 정치를 하라는 뜻이 되는데, 자정전은 해석이 좀 애매하다. 재물이나 돈이 많이 모이는 금권정치를 하라는 뜻일까?

한자사전을 좀 더 자세히 살펴보자. 자(資)라는 글자는 명사로 쓰이면 재물, 자본이라는 뜻이 되지만 동사로 쓰이면 의외로 '돕다'라는 뜻으로 쓰인다. 따라서 자정전은 정치를 돕는 또는 정치에 도움이 되는 전각이라는 뜻이 된다. 비근한 예로 창덕궁성정각은 세자가 공부를 하던 곳인데 성정각의 출입문 중에는 자시문(資始門)이라는 이름이 붙은 곳이 있다. 자시(資始)는 곧 시작을 돕는다는 뜻이 되므로 곧 왕이 될 세자의 학업공간에는 안성맞춤인 이름이다.

그런데 자정전과 관련된 실록 기사 중에는 왕이 신하들과 경연을 하는 가운데서 사용된 어려운 말이 몇 개 보이는데 그중에는 우리가 꼭 알아야만 하는 내용도 있다.

영조 44년(1768) 4월 12일
야대에서 《숙흥야매잠》을 강하고 《소학지남》을 윤독하다
야대(夜對)를 행하였는데, 숙흥야매잠(夙興夜寐箴)을 강하였다. … (중략) … 아! 지금은 눈이 어두워졌는데, 옛날의 일기에 감동되어 자정전에서 법강(法講)을 하였다. … (중략) … 그 강(講)은 무엇을 하는가 하면 숙흥야매잠(夙興夜寐箴)이니, 이 뜻 역시 깊은 것이다. … (후략)

영조 47년(1771) 4월 6일
유생에게 《태극도설》을 외우게 하고 종이와 붓을 내려주다
임금이 자정전에 나아가 석강(夕講)을 행하였다. 강(講)하기를

마치자 또 《시경(詩經)》의 척호(陟岵) 3장(章)과 하천(下泉) 4장을 강하게 하였으며, 또 대사성(大司成)에게 명하여 강독을 잘하는 유생(儒生)을 거느리고 입시(入侍)하도록 하여 각기 《태극도설(太極圖說)》을 외우게 하고는 종이와 붓을 내려 주게 하였다.

위의 두 실록기사에 등장하는 '숙흥야매잠(夙興夜寐箴)'과 '태극도설(太極圖說)'은 퇴계 이황이 17세의 어린 나이로 왕위에 오른 선조에게 성군이 되기를 바라는 뜻에서 군왕의 도(道)에 관한 학문의 요체를 알기 쉽도록 10개의 도식(그림)으로 설명한 '성학십도(聖學十圖)'의 첫 번째 그림과 마지막 그림이다. 여기서 성학(聖學)이라는 말은 곧 유학을 지칭하는 것으로서 모든 사람으로 하여금 성인이 되도록 하기 위한 학문이 내재되어 있다는 의미로 풀이될 수 있다. 따라서 성학십도는 유학의 핵심을 단 10개의 도식으로 요약설명한 것이니, 성학십도만 제대로 이해한다면 그 어렵다는 유학의 뼈대를 다 이해한다고 말할 수도 있을 것이다.

우선 태극도설은 무극이태극(無極而太極: 무극이면서 곧 태극)이라는 말로 시작하는 짧은 글인데 원전은 남송의 대유학자 주돈이의 작품이다. 우주의 근원을 무극, 곧 태극(太極)이라 하고 태극에서부터 만물이 생성되는 과정을 그림으로 분해하여 태극도(太極圖)를 그리고, 그 그림에 대한 세부설명을 달았다. 이 글에 따르면 태극에서 음양이, 그리고 오행, 남녀, 만물이 차례대로 나오고, 만물 가운데 인간이 가장 빼어난 존재임을 이론으로 보여주고 있는데, 쉽게 말해 우주의 기원에 대한 설명을 한 것이다. 왜냐하면 우리가 온 곳을 모르면 우리가

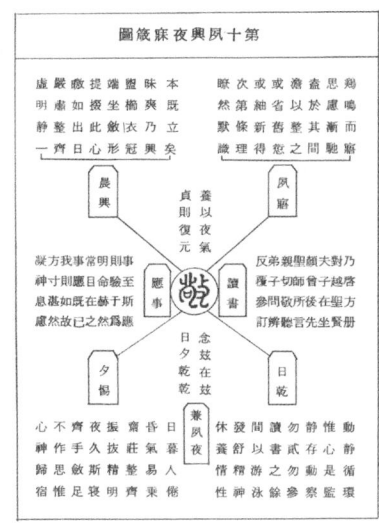
숙흥야매잠(夙興夜寐箴)

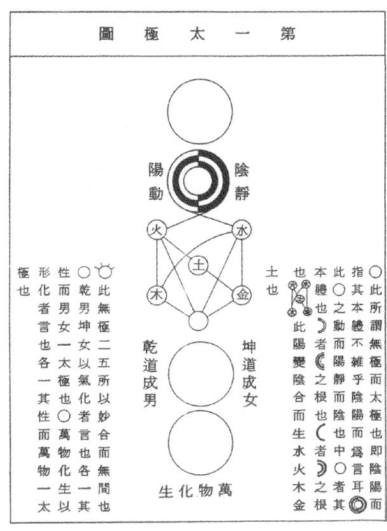
태극도설(太極圖說)

가는 곳을 알 수 없기 때문에 태극도를 가장 첫 부분에 배치를 한 것이다. 천자문의 첫 구절이 하늘 천, 땅 지, 검을 현, 누를 황[天地玄黃]으로 시작하는 것도 마찬가지로 우주의 원리를 설명하는 것이다.

한편, 성학십도의 마지막 그림인 숙흥야매잠(夙興夜寐箴)은 숙흥, 야매, 잠으로 분리해서 보면 이해하기가 쉽다. 맨 끝의 잠(箴)은 '경계 잠'이라는 글자로, 구약성서의 한 편명인 '잠언'이라는 것에서도 알 수 있듯이 가르쳐서 훈계가 되는 말이나 글을 뜻한다. 숙흥야매(夙興夜寐)의 한자 뜻과 음은 '일찍 숙, 일어날 흥, 밤 야, 잠잘 매'로서 직역하면 아침에 일찍 일어나고 밤늦게 잠자리에 든다는 뜻인데, 의역하면 책임을 다하기 위해 애쓰고 노력하는 모습을 뜻한다. 원래 시경 위풍(衛風)편에 나온 말인데, 시간별, 혹은 일과에 따른 실천법을 나타낸 것이다.

  우리는 자정전에서의 실록기록을 통해 역대 조선왕들은 성군과 성인이 되기 위해 끊임없이 신하들과 학문과 토론을 했음을 알 수가 있는데 이는 경연(經筵)이라는 제도를 통해서 이루어졌다. 경연(經筵)이란 '경전(經典)을 공부하는 자리'란 뜻이다. 조선의 왕이 공부한 경전은 두말할 것 없이 유교 경전이었다. 따라서 조선왕의 경연은 유교 성현의 가르침을 공부하고 토론하는 자리였다. 경연의 종류는 시간에 따라 오전의 조강, 낮의 주강, 오후의 석강 그리고 불시에 열리는 소대(召對)와 야대(夜對) 등이 있었는데 조강, 주강, 석강은 일정한 시간에 행해졌기에 법강(法講)이라고 하였고, 대부분 편전에서 행해졌다.

•• 뱀의 발

태극도설(太極圖說) – 구약 창세기와 비교해보다

  북송(北宋)의 유학자인 주돈이(周敦頤)가 지은 태극도설(太極圖說)은 우주의 생성, 인륜의 근원을 논한 249자의 짧은 글로서 도학(道學), 즉 성리학의 이론적 기초를 마련하였고, 남송의 주희(朱熹)는 그를 도학(道學)의 개조라고 칭하였다. 따라서 성리학(주자학)의 뿌리는 바로 '태극도설'이라고 볼 수 있으며 1568년(선조 1) 퇴계 이황은 어린 선조에게 성군이 되기를 기원하며 성학십도(聖學十圖)라는 성리학의 핵심을 담은 10개의 그림을 남겼으니 그중 첫 번째가 바로 이 태극도설이다. [참고로, 성학집요(聖學輯要)는 1575년(선조 8) 율곡 이이가 최고 권력자인 군주의 학문내용을 요약 정리해 바친 책이다.] 여기에서는 짧지만 성리학의 요체인 이 태극도설의 내용 중 첫 부분만을 자세히 살펴보고자 한다.

無極而太極 太極動而生陽 動極而靜 靜而生陰 靜極復動 一動一靜 互爲其根 分陰分陽 兩儀立焉 陽變陰合 而生水火木金土 五氣順布 四時行焉 五行 一陰陽也 陰陽 一太極也 太極 本無極也 五行之生也 各一其性 無極之眞 二五之精 妙合而凝 乾道成男 坤道成女 二氣交感 化生萬物 萬物生生而變化無窮焉 惟人也得其秀而最靈 形旣生矣 神發知矣 五性感動 而善惡分 萬事出矣 聖人 定之以中正仁義而主靜 立人極焉 故 聖人 與天地合其德 日月合其明 四時合其序 鬼神合其吉凶 君子 修之吉 小人 悖之凶 故 曰立天之道 曰陰與陽 立地之道 曰柔與剛 立人之道 曰仁與義 又曰原始反終 故 知死生之說 大哉 易也 斯其至矣

無極而太極 [無없을 무 / 極다할 극 / 而말 이을 이 / 太클 태 / 極다할 극]
무극(無極)이 곧[而] 태극(太極)이다.

[해설] 천지가 개벽되기 전의 혼돈 상태를 무극이라 하는데 현대에 '카오스(chaos)'라고 부르는 바로 그것이다. 그런데 그 무극 속에는 어떤 기운 또는 원리가 들어있는데 그것은 우주의 질서를 내포하고 있다. 그것이 바로 태극이다. 따라서 무극과 태극은 안과 밖처럼 같은 존재를 다른 관점에서 부르는 이름이라고 볼 수 있다. 구약성서 창세기(Genesis 1) 첫 부분에도 '태초에 하나님이 천지를 창조하실 때 땅은 형태가 없고 텅 비어 있었으며, 어둠이 깊음 위를 덮고 있었고…'라고 묘사하고 있으니 이는 곧 무극의 상태라고 볼 수 있다. 이 무극에 질서를 부여한 하나님은 곧 태극이라고 볼 수 있다.

1 In the beginning God created the heavens and the earth. 2 Now the earth was formless and empty, darkness was over the surface of the deep, and the Spirit of God was hovering over the waters. (New International Version)

太極動而生陽 [太클 태 / 極다할 극 / 動움직일 동 / 而말 이을 이 / 生날 생 / 陽볕 양]
그 태극(太極)이 움직여서[動] 곧이어[而] 양(陽)을 낳게[生] 된다.

[해설] 태극이 움직여 곧 양(陽)을 낳았으니 양은 곧 별, 밝음, 해를 뜻한다. 창세기 제3절의 '하나님이 "빛이 있으라" 하매 빛이 생겼다.'라는 구절과 의미가 일치한다.

3 And God said, "Let there be light," and there was light. (New International Version)

動極而靜 [動움직일 동 / 極다할 극 / 而말 이을 이 / 靜고요할 정]
(양의) 움직임[動]이 극(極)한에 다다르면 곧이어[而] 고요하게[靜] 되며
靜而生陰 [靜고요할 정 / 而말 이을 이 / 生날 생 / 陰그늘 음]
고요함[靜]은 곧이어[而] 음(陰)을 낳게[生] 된다.
靜極復動 [靜고요할 정 / 極다할 극 / 復다시 부 / 動움직일 동]
고요함[靜]이 극(極)한에 다다르면 다시[復] 움직이게[動] 된다.

[해설] 글자 그대로 풀이하면 (지나간 부분[太極動而生陽]의 해석, 즉 태극이 움직여 만든 양의) 활발한 움직임이 극한에 이르면 고요하게 변화되어 곧 음을 낳고, 음의 고요함이 극한에 이르면 다시 양의 움직임으로 변하는 끝없는 순환과정을 보여준다. 즉, 극과 극은 서로 통한다는 의미이며, 음정양동(陰靜陽動)이라 표현하기도 한다. 그런데, 여기서 우리가 눈여겨 볼 것은 이 순환의 시작은 음(陰)이 아닌 양(陽)이라는 것이다. 지나간 부분의 해석을 다시 한 번 주목해 보자. [太極動而生陽: 태극이 움직여 양을 낳게 된다.] 여기서 양(陽)은 별, 낮, 양지(陽地)이니 곧 해, 태양을 의미한다. 구약성서 창세기에서 하나님이 처음 하신 말씀이 바로 "빛이 있으라"였다. 즉, 천지창조의 과정도 그 시작은 곧 빛, 별, 태양이라는 뜻이다. 따라서 논리구조상 태극의 움직임은 곧 태양의 움직임과 같은 것이 된다. 그렇다면 끝없이 순환(회전)하는 태극의 움직임에는 방향성이 있을까? 물론이다. 태극의 방향은 태양의 방향과 같다는 것이 힌트다. 회전의 방향에는 두 가지가 있다. 시계방향 또는 시계반대방향이다.
그런데 시계방향이란 말은 시계의 초침이 돌아가는 방향을 뜻한다. 그렇다면 시계 초침의 방향은 어떻게해서 정해졌을까? 그것은 바로 해시계의 그림자가 움직이는 방향과 일치시킨 것이다. 해시계의 그림자 방향은 곧 해가 움직이는 방향이다. 따라서 태극의 방향은 시계방향이 된다.
그런데 유감스럽게도 우리나라 태극기의 태극방향은 정반대다. 이는 이론상 태극이론을 제대로 반영시키지 못한 결과다. 사실 태극기의 초기 형태는 수많은 변형이 존재한다. 문화재로 등록된 태극기의 종류만도 총 17점에 해당한다. 그런데 자세히 보면 태극문양의 방향이 제각각이다. 태극문양뿐만 아니라 사패의 위치도 제각각이다. 이렇게 다양한 태극기가 존재하는 정확한 이유를 알 수는 없지만 아마도 일제강점기라는 혼란스러웠던 정치, 사회적 상황과 깊은 관련이 있는 듯하다.

一動一靜 [一한 일 / 動움직일 동 / 一한 일 / 靜고요할 정]
한번[一] 움직이고[動] 한번[一] 고요해지는[靜] 것이
互爲其根 [互서로 호 / 爲할 위 / 其그 기 / 根뿌리 근]
상호[互] 간에 그[其] 근본[根]뿌리가 된다[爲].

[해설] 이번에는 '태극' 안의 '음'과 '양'이 각각 상호작용하는 내용을 설명한 대목이다. 음정양동(陰靜陽動)이라는 표현에서도 알 수 있듯이 한번 움직이고 한번 고요해지는 것[一動一靜]은 곧 양

과 음을 각각 뜻한다. 그런데 서로 간에 그 근본 뿌리가 된다[互爲其根]는 뜻은 양은 음의 뿌리가 되며, 음은 양의 뿌리가 된다는 의미이며, 이는 곧 양은 음에서 나오고, 음은 양에서 나온다는 뜻이다. 다른 말로 표현하면 양은 음의 씨를 품고 있고, 음은 양의 씨를 품고 있다는 말이다.

> 分陰分陽 [分나눌 분 / 陰그늘 음 / 分나눌 분 / 陽볕 양]
> 음(陰)으로 나뉘고[分] 양(陽)으로 나뉘어서[分]
> 兩儀立焉 [兩두 양 / 儀거동 의 / 立설 립 / 焉어찌 언]
> 양의(兩儀=음양)가 확립[立]된다[焉].

[해설] 이번에는 태극 안에 있는 음과 양이 분화되면서 양의(兩儀=음양)라는 정체성이 만들어지는 과정을 설명한다. 먼저 본문을 살펴보자. 처음부터 지금까지 살펴본 내용에 의하면 태극문양은 역동적으로 움직이는 두 부분, 즉, 음과 양으로 나뉜다. 그런데 분화된 음양으로 인해 양의(兩儀)가 우뚝 선(立)다고 했다. 따라서 양의(兩儀)는 곧 음양의 다른 표현이 된다. 그런데 양의란 무엇일까? 일단 글자 뜻부터 살펴보자.[兩 두 양] / 儀 거동 의] 글자 양(兩)은 둘(2, two, 二)을 의미한다. 따라서 양의는 '의(儀)가 2개'라는 뜻이다. 그런데 의(儀)의 뜻이 좀 어렵다. 한자사전의 대표 뜻풀이는 거동(擧動)이라고 한다. 나라의 의식(儀式)에 쓰는 무기, 깃발 따위 물건을 뜻하는 의장(儀仗), 의장대(儀仗隊)라는 말에 사용되며, 초상집에 부조(扶助)로 보내는 돈이나 물품인 부의(賻儀), 그리고 조문(弔問)하는 의식인 조의(弔儀)에도 사용된다. 자주 쓰이는 말인 예의범절(禮儀凡節)도 있다. 그런데 의(儀)에는 의외로 '천문기계'라는 뜻도 있다.
[儀 거동 의 / 디지털 한자사전 e-한자 / 1. 거동(擧動) 2. 법도(法度) 3. 법식(法式) 4. 본보기 5. 예절(禮節) 6. 선물(膳物) 7. 짝 8. 천문기계]

국보 제230호는 '혼천의 및 혼천시계'인데 조선 현종10년(1669) 혼천의(渾天儀)로 천체를 관측하여 그것을 바탕으로 시간을 표시하게끔 만든 천문시계다. 여기서 '혼천의'의 마지막 글자가 천문기계를 뜻하는 의(儀)다. 즉, 음양은 해와 달이니 이는 곧 천문을 대표하는 것이다. 참고로, 혼천의는 1만 원권 지폐의 뒷면에도 나와 있다.

지금까지 살펴본 바를 정리하면, 분화된 음양으로 양의(兩儀)가 성립하는데, 여기서 양의(兩儀)의 뜻은 결국 해와 달로 대표되는 천문적 의미인 '음양'이 된다. 경복궁의 중궁전(왕비의 침전)인 교태전의 정문 이름은 양의문(兩儀門)이다. 그런데 중궁전은 국왕과 왕비가 동침하여 국가의 근본인 세자(왕자)를 생산(?)하는 곳이다. 그런 중궁전의 정문이름이 음양의 다른 표현인 양의문(兩儀門)이다. 지금까지 배웠던 태극도설의 내용을 양의문의 해석에 거꾸로 적용해 보면 국가대표 '양'인 국왕과 국가대표 '음'인 왕비가 합쳐져서 태극을 이룬다는 뜻이 되기도 한다.

태령전

영조임금의 어진을 모신 이유

녕전(寧殿)이라는 이름이 들어간 전각들의 공통점

　태령전(泰寧殿)은 숭정전 좌측 편에 있는 전각으로 정확한 관련 사료가 남아있지 않기 때문에 아직까지 알려진 주 용도는 불명확하다. 그러나 태령문(泰寧門)이라는 별도의 정문까지 갖추고 있고, 또한 전각의 명칭이 '전당합각재헌루정' 중에서도 가장 상급인 '전'에 해당하기 때문에 예사로운 건물이 아님은 충분히 짐작할 수 있다. 그럼 몇 가지 단서를 가지고 태령전의 주 용도를 추정해보자. 우선 주로 침전에 사용되는 편안할 녕(寧) 자가 붙어 있다. 예를 들면 경복궁의

태령전

태령문

서궐도안(표시된 좌측부터 벽파담, 회상전, 융복전) - 고려대학교박물관

강녕전과 덕수궁의 함녕전은 왕의 침전, 즉 대전이다.

그런데 옛 경희궁의 전경을 그린 서궐도안을 보면 지금은 없어졌지만 경희궁의 원래 침전은 숭정전을 중심으로 태령전의 반대쪽에 있었다. 두 채의 건물이 나란히 있는 회상전(會祥殿)과 융복전(隆福殿)이 바로 경희궁의 침전으로, 회상전은 왕비의 침전인 중궁전, 그리고 융복전은 왕의 침전인 대전이었다. 회상전은 융복전의 서쪽 편에 있고[음양론에서 음에 해당], 창경궁의 중궁전인 통명전처럼 옆에 벽파담이라는 연못도 있으며[여성의 공간임을 암시], 융복전 앞에 있는 당당한 월대가 회상전 앞에는 없음으로 해서 음양론에 의해 동쪽 편의 융복전과는 서열차이를 분명히 하고 있다. 따라서 태령전은 최소한 왕과 왕비의 침전은 아니다. 그렇다면 도대체 무엇일까?

경희궁 실록으로 읽다
남아있는 전각들

편안할 녕(寧) 자와 관련하여 또 다른 단서를 제공해주는 것이 있으니 그것은 바로 종묘의 영녕전(永寧殿)이다. 영녕전은 돌아가신 선대왕과 왕비의 넋(혼)이 영원히 편안하게 쉴 것을 의미하는데, 종묘 정전(正殿)에서 옮겨온 신위를 모신 종묘의 별묘(別廟)다. 또한 정전과의 서열을 분명히 하기 위해서 정전의 서쪽 편에 만들었다. 또한 창경궁에서 사도세자가 뒤주에 처음 갇혔던 곳이 바로 휘령전(徽寧殿, 현재의 문정전) 앞마당으로, 휘령전은 당시에는 영조의 첫 번째 부인이었던 정성왕후 서 씨의 혼전으로 사용되던 건물이었다. 뿐만 아니라 경복궁과 덕수궁의 대전(왕의 침전)은 각각 강녕전(康寧殿)과 함녕전(咸寧殿)이다. 이렇듯 편안할 녕(寧) 자를 사용하는 건물은 살아있는 왕의 침전뿐만 아니라 돌아가신 선대왕과 왕비의 혼이나 어진을 모신 곳임을 충분히

종묘 영녕전(永寧殿) - 태조 이성계의 선대 4조 대왕과 왕비의 신위를 모신 곳

창경궁 휘령전(徽寧殿, 현재의 문정전) - 정성왕후의 혼전

경희궁 실록으로 읽다
남아있는 전각들

경복궁 강녕전(康寧殿) - 왕의 침전

덕수궁 함녕전(咸寧殿) - 왕의 침전

창덕궁 구선원전(舊璿源殿) - 역대 왕들의 어진을 모신 곳

경희궁 실록으로 읽다
남아있는 전각들

영조의 어진 - 국립고궁박물관

미루어 짐작할 수 있다. 창덕궁에서 역대 왕들의 어진을 모신 곳도 인정전의 서쪽에 있는 구 선원전이었음은 태령전(숭정전의 서쪽)의 용도에 관한 또 다른 증거가 될 수도 있을 것이다.

이런 합리적인 추론을 바탕으로 우리는 태령전의 주 용도가 역대 선대왕들과 관련된 곳임을 짐작할 수 있는데 실록에서도 그런 흔적을 쉽게 찾을 수 있을 뿐더러 지금도 태령전에는 경희궁에서 가장 오랜 시간을 보낸 영조의 어진을 모시고 있다.

정조 즉위년(1776) 3월 11일
경희궁의 태령전을 혼전으로 하고 혼전 수리 도감을 두게 하다
경희궁의 태령전(泰寧殿)을 혼전(魂殿)으로 하고, 혼전 수리도감을 두어 선조(先祖)의 어제 봉안각(御製奉安閣)을 영건하게 하되, 구윤옥·정일상을 영건 도감의 당상으로 삼아 수리에 관한 소임을 겸하여 살피도록 하였다.

정조 2년(1778) 1월 3일
경모궁·태령전·연복전 등을 전배하다

경모궁(景慕宮: 사도세자의 사당) · 태령전(泰寧殿: 당시 영조의 혼전) · 연복전(延福殿: 효장세자의 혼전) · 육상궁(毓祥宮: 영조의 생모인 숙빈 최 씨의 사당) · 의열궁(義烈宮: 사도세자의 생모 영빈 이 씨의 사당)을 전배(展拜)하였다.

정조 3년(1779) 11월 25일
영묘의 어진을 선원전으로 옮겨 봉안하다
임금이 경희궁에 가서 태령전(泰寧殿)을 봉심(奉審)하였다. 영묘(英廟:=영조)의 어진(御眞)을 예전에는 이 전에다 봉안하였는데 이 때에 이르러 선원전(璿源殿)에 옮겨 봉안하였다. 임금이 따라가서 봉안하고 환궁(還宮)하였다.

이곳이 바로 인왕산 왕기설의 근원지

한편 태령전 뒤에는 기이한 형태의 바위가 있는데 '상서로운 바위'라는 뜻에서 이름 붙여진 서암(瑞巖)이다. 서암은 신기하게도 샘[영열천(靈冽泉)]이 그 속에 있어서 예로부터 경희궁의 명물이었는데 그 때문에 왕암(王巖)이라고도 불렸고, 민간속설에는 인왕산 왕기설의 근원지가 이곳(옛 정원군의 집)이어서 광해군이 바로 이곳에 경희궁을 지었다고 한다.

영조 47년(1771) 4월 6일
시임 · 원임 대신을 불러 합문을 열 것을 명하다
임금이 태령전(泰寧殿)에 나가서 시임 · 원임 대신을 불러다 합문(閤門)을 열도록 명하여 어진(御眞)을 우러러 보았으며, 이내 숙종[肅廟]의 어제(御製)를 보이고 여러 신하들에게 명하여 서암

태령전 뒤 서암

영열천(靈洌泉)

영열천(靈洌泉)

(瑞巖) 및 영열천(靈洌泉)을 가서 보도록 하였다.

영조 51년(1775) 8월 26일
5부의 방민을 불러보다

임금이 연화문에 나아가 5부(五部)의 방민(坊民)을 불러 보았는데, 도성의 백성 수천 명이 왔다. … (중략) … 도성 백성들이 일제히 천세(千歲)를 불렀다. 임금이 물러가라고 명하고, 돌아오는 길에 덕유당(자정전 옆 건물)에 들러 여러 신하들에게 명하여 후원(後苑)에 올라 서암(瑞巖)을 함께 구경한 뒤에 친히 한 구의 시를 짓고 제신(諸臣)들에게 화답하는 시를 지어 올리라고 하였다.

•• 뱀의 발

경희궁의 옛 모습을 그린 그림, 서궐도안(西闕圖案)

서궐도안 - 고려대학교박물관

지금은 너무 많이 훼철되어서 경희궁의 원모습을 알아내기가 쉽지 않지만 그래도 서궐도안이 있어서 경희궁의 옛 모습을 상상하는 것이 어느 정도는 가능하다. 서궐도안은 창덕궁과 창경궁의 전경을 그린 동궐도와 마찬가지로, 조선후기의 조선궁궐 중 경희궁의 전체 모습을 그린 것이다. 다만 동궐도는 그 자체로 완

동궐도 - 동아대학교박물관

경희궁 실록으로 읽다
남아있는 전각들

성된 작품인 반면, 서궐도안은 채색이 되지 않는 미완성의 그림이기 때문에 안(案) 자를 붙였다. 이 서궐도의 제작연도는 아마도 거의 동궐도가 만들어진 시기와 비슷한 것으로 추정된다. 그리고 동궐도가 비단에 그려진 완성품이기 때문에 국보 제249호로 지정된 반면에, 서궐도는 동궐도와 비슷한 내용을 담고 있음에도 불구하고, 종이에 그려진 미완성인 상태이기 때문에 보물 제1534호로 지정되었다. 원본은 고려대학교 박물관에 전시가 되어 있고, 모사본이 국립고궁박물관의 대형 모니터 속이나 서울역사박물관에 동판그림 형태로 전시되어 있다.

서궐도안은 제목이나 낙관이 없어서 화가와 제작 연대를 정확하게 알 수는 없다. 그림의 구도는 경희궁의 건축과 주변의 자연 경관을 한눈에 실감 나게 파악할 수 있도록 부감법(俯瞰法: 새가 높이 날아 아래를 내려다보는 것 같다하여 조감법이라도 함)으로 그린 것인데, 12폭의 종이를 이어 붙인 화폭 위에 오로지 먹만을 사용해서 그린 밑그림 형태다. 그림의 구도는 궁궐의 핵심 부분인 숭정전(崇政

서궐도안 동판 - 서울역사박물관

殿)과 편전, 침전 등이 화면 중앙에 오도록 배치했으며, 전체 궁궐의 모습이 효율적으로 보이도록 평행사선투시도로 그렸다. 건물마다 지붕 용마루선 바로 아래에 건물의 이름을 적어 놓았는데 이는 '동궐도'에서 용마루 위쪽 여백에다 이름을 적은 것과 대조를 보인다. 이름이 기록된 건물은 모두 99군데에 이르는데, 이들 건물의 연혁을 기초로 하여, 정조가 세자 시절인 1774년에 쓴 정묘어제경희궁지(正廟御製慶熙宮誌)와 헌종 연간에 발행된 궁궐지(宮闕志)와 비교분석하면, 대체로 순조임금 때인 1800년~1829년에 그려진 것임을 알 수 있다.

•• 사진 협조

고려대학교박물관(museum.korea.ac.kr)

- 서궐도안 250, 251, 286, 287, 295

국립경주박물관(gyeongju.museum.go.kr)

- 성덕대왕신종(유곽, 유두) 202
- 성덕대왕신종 음관,단룡 201

국립고궁박물관(www.gogung.go.kr)

- 대한제국 황실 가족 사진 107
- 순헌황귀비 엄씨 123
- 순헌황귀비 엄씨와 의친왕비, 궁녀 3인, 일본 여인 4명, 남녀 소인 2명 126
- 영조의 어진 291
- 영친왕비(이방자 여사) 장례식 운구행렬 114
- 영친왕의 국적 취득을 위한 허가 신청서 사본 172
- 영친왕 장남 이진 190
- 의친왕 이강 164
- 이구 메사추세츠 공과대학 졸업사진 172
- 이구와 줄리아 멀록 192
- 이토 히로부미 사진 62
- 자격루 모형 205
- 자격루 수수호(受水壺) 206
- 자격루 파수호(播水壺) 206
- 중화전 2층, 화재 전 사진 86
- 환구단 사진엽서 31

국립민속박물관(www.nfm.go.kr)

- 대안문, 고종(高宗) 출궁행렬 65
- 안경 181

국립중앙박물관(www.museum.go.kr)

- 연려실기술 138
- 성거산 천흥사명 동종(유곽, 유두) 202
- 성거산 천흥사명 동종, 원통 201
- 춘추 49

동아대학교박물관(museum.donga.ac.kr)

- 동궐도 296, 297

문화재청(www.cha.go.kr)

- 국조오례의(國朝伍禮儀) 19
- 조선총독부(사진으로 보는 경복궁) 153

서울대학교박물관(museum.snu.ac.kr)

- 환구단 전경 220

서울역사박물관(www.museum.seoul.kr)

· 서궐도안 동판 298

조선일보(www.chosun.com)

· 1960년대 초반의 대한문 56

한국관광공사(www.visitkorea.or.kr)

· 환구단 216
· 환구단 정문 223

「퇴계선생도설 성학십도역해」에서 발췌
(사단법인 국제퇴계학회 대구·경북지부)

· 숙흥야매잠(夙興夜寐箴) 279
· 태극도설(太極圖說) 279

한국학중앙연구원 장서각(jsg.aks.ac.kr)

· 대한제국 시대 경운궁(덕수궁) 평면도 68

※ 본 책을 위하여 사진 촬영에 적극 협력해 주시고, 또한 귀한 사진 자료들을 기꺼이 제공해 주신 관계 기관에 진심으로 깊은 감사를 드립니다.